Mireille R.

Jeanine et Jean GUION
diplômée d'orthophonie
docteur ès sciences de l'éducation

Toute **l'orthographe** par ordre alphabétique

ce 1
ce 2

HATIER

Conception maquette : Graphismes
Réalisation : Atelier JMH

© HATIER PARIS 2000, ISSN 1259 4652, ISBN 2-218 72208 9

Impression et reliure : Pollina s.a., 85400 Luçon - N° 78948
Dépôt légal N° 11021- Novembre 1999

Ce livre contient toutes les règles nécessaires pour apprendre les bases de l'orthographe française.

Une présentation par ordre alphabétique

Très pratique, elle permet de trouver immédiatement la difficulté que l'on cherche.

Toutes les règles pour le CE1 et le CE2

Ses 107 règles correspondent aux fautes commises par les élèves de ces classes. Elles recouvrent les domaines de la grammaire, de l'orthographe d'usage (écriture des mots) et de l'orthographe grammaticale (accords, conjugaison, étude des mots qui se prononcent de la même façon et provoquent beaucoup d'erreurs : les homophones grammaticaux).

Des leçons claires et efficaces

Chaque fois, une définition grammaticale, une règle avec des explications, des exemples clairs et des commentaires font assimiler facilement les notions à apprendre.

Des exercices variés avec trois niveaux de difficulté

Les nombreux exercices, près de 500, proposent trois niveaux de difficulté marqués par une étoile (assez facile), deux étoiles (assez difficile) ou trois étoiles (difficile). Ils correspondent aux deux cours élémentaires et à un CE2 fort.
Leur variété stimule l'intérêt et l'intelligence. Elle aide à retenir les règles et développe la vigilance orthographique.

En plus, une rubrique pour mieux connaître sa langue

À la fin de chaque leçon, « Pour en savoir davantage » permet d'aller encore plus loin dans la connaissance et les nuances de la langue française.

Des corrigés séparés

En fin d'ouvrage, un livret détachable avec le corrigé de tous les exercices donne la possibilité de se corriger et de suivre ses progrès.

Par son utilisation facile et souple, son contenu riche et sérieux, ce livre assure un maximum d'efficacité dans l'apprentissage de l'orthographe du français.

L'éditeur

Conseils d'utilisation

■ Trois façons de trouver la règle

• **La plus simple** consiste à chercher par ordre alphabétique **comme dans un dictionnaire**, puisque les règles sont présentées de cette façon.

Ex. : *Participe passé employé avec l'auxiliaire être* se trouve à la lettre **P**.

• **Pour une difficulté isolée**, on peut utiliser l'**index très détaillé** qui figure page 151.

Ex. : la leçon sur le *Participe passé employé avec l'auxiliaire être* peut être trouvée en cherchant dans l'index aux lettres **A** comme ***a**ccord*, **A** comme ***a**uxiliaire être*, **E** comme ***ê**tre* (*auxiliaire*) ou **P** comme ***p**articipe passé*.

• **Dans le cadre d'une recherche sur un domaine précis**, on se servira de la liste des **règles classées par domaine** page 147.

Ex. : la leçon sur le *Participe passé employé avec l'auxiliaire être* se trouve dans la liste des règles du domaine *Accords*.

■ Pour bien retenir la règle

Qu'il s'agisse d'une **simple vérification** (relecture de la règle) ou d'un **travail approfondi** (étude de la règle suivie d'exercices), on retiendra bien les exemples qui sont des points de repère pour la mémoire. Dans les conjugaisons, le pronom personnel *il*, plus court et neutre pour les accords, a été préféré chaque fois qu'il rendait la présentation plus claire, donc l'exemple plus facile à retenir.

■ Faire les exercices

Ils doivent être faits par écrit. Sélectionner la difficulté de l'exercice (★, ★★, ★★★) selon le niveau de l'enfant ou la classe (CE1, CE2 ou CE2 fort). **Bien lire la consigne** avant de commencer. Revenir à la règle et aux exemples en cas d'hésitation.

Quand un seul mot est demandé dans une phrase, **toujours faire une réponse complète** en écrivant toute la phrase ou la partie de phrase qui a permis de trouver la réponse.

■ Évaluer ses résultats

Chaque exercice contient 5, 10 ou 20 réponses de façon à pouvoir facilement noter son travail.

Domaine orthographique
(grammaire, orthographe d'usage, homophones grammaticaux, accords, conjugaison)

Titre
de la règle

Repère
pour la recherche alphabétique

Définition
grammaticale

Règle
expliquée séparant les difficultés

Exemples
clairs, avec repères en couleur pour bien comprendre

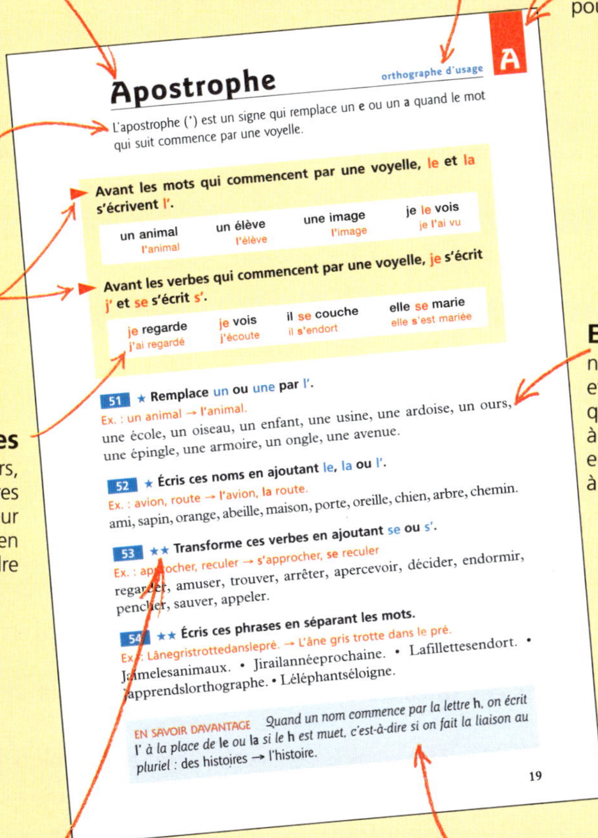

A

Apostrophe

orthographe d'usage

L'apostrophe (') est un signe qui remplace un **e** ou un **a** quand le mot qui suit commence par une voyelle.

▶ **Avant les mots qui commencent par une voyelle, le et la s'écrivent l'.**

un animal	un élève	une image	je le vois
l'animal	l'élève	l'image	je l'ai vu

▶ **Avant les verbes qui commencent par une voyelle, je s'écrit j' et se s'écrit s'.**

je regarde	je vois	il se couche	elle se marie
j'ai regardé	j'écoute	il s'endort	elle s'est mariée

51 ★ **Remplace un ou une par l'.**
Ex. : un animal → l'animal.
une école, un oiseau, un enfant, une usine, une ardoise, un ours, une épingle, une armoire, un ongle, une avenue.

52 ★ **Écris ces noms en ajoutant le, la ou l'.**
Ex. : avion, route → l'avion, la route.
ami, sapin, orange, abeille, maison, porte, oreille, chien, arbre, chemin.

53 ★★ **Transforme ces verbes en ajoutant se ou s'.**
Ex. : approcher, reculer → s'approcher, se reculer
regarder, amuser, trouver, arrêter, apercevoir, décider, endormir, pencher, sauver, appeler.

54 ★★ **Écris ces phrases en séparant les mots.**
Ex. : Lânegristrottedansleprè. → L'âne gris trotte dans le pré.
Jaimelesanimaux. • Jirailannéeprochaine. • Lafillettesendort. • Japprendslorthographe. • Léléphantséloigne.

EN SAVOIR DAVANTAGE *Quand un nom commence par la lettre* **h**, *on écrit* **l'** *à la place de* **le** *ou* **la** *si le* **h** *est muet, c'est-à-dire si on fait la liaison au pluriel : des histoires → l'histoire.*

19

Exercices
nombreux et variés qui aident à apprendre en faisant appel à la réflexion

En savoir davantage
sur les difficultés de la langue française

Niveau de difficulté
(★ : assez facile ou CE1)
(★★ : assez difficile ou CE2)
(★★★ : difficile ou CE2 fort)

CORRIGÉS détachables en fin d'ouvrage

INDEX détaillé et complet pour la recherche des règles p. 151

Liste des règles par domaine p. 147

A

a ou à

Les mots **a** et **à** ont des sens très différents. Le premier est un verbe, le second est un petit mot invariable.

a est le verbe avoir à la 3e personne du singulier du présent.
a peut aussi être conjugué avec un verbe.
À l'imparfait, a devient avait.

Il a un chien.	Elle a huit ans.	On a joué.
avoir un chien	avoir huit ans	avoir joué
il **avait** un chien	elle **avait** huit ans	on **avait** joué

à (avec un accent grave) est un petit mot invariable, comme *de, en, dans, par, pour, sur, sous, vers*…

J'y vais à pied.	Il part à midi.	On l'achètera à Noël.
en voiture	**vers** midi	**pour** Noël

1 ★ Souligne le verbe avoir et entoure le petit mot à.

Ex. : Arthur a demandé une règle à sa voisine.
→ Arthur a demandé une règle (à) sa voisine.

Mon frère a appris à lire à cinq ans. • On est arrivé à la mairie à midi. • Ce chaton a l'air très polisson. • Édouard a voulu aller à la poste. • Elle nous a dit qu'elle avait envie de participer à la fête.

2 ★ Écris ces phrases en remplaçant avait par le verbe avoir au présent.

Ex. : Le chalet avait des volets verts. → Le chalet **a** des volets verts.

Le chien avait gardé nos bagages. • Le match avait commencé en retard. • Le cirque avait monté son chapiteau sur la place. • Maman avait lavé les draps. • Il avait tout vérifié avant de partir.

3 ★★ Réponds aux questions en utilisant le petit mot à.

Ex. : Où va-t-il après la classe ? → Il va **à la bibliothèque**.

Où as-tu acheté le pain ?
Quand viendra-t-il me voir ?
À qui rendras-tu ton devoir ?
Où sont-ils allés dimanche ?
À qui est ce livre ?

À qui pense-t-elle si souvent ?
Où passe-t-il ses vacances l'été ?
Où achetez-vous cette lessive ?
À quoi correspondent ces initiales ?
Où as-tu retrouvé ton crayon ?

4 ★★ **Pense à une personne que tu connais. Décris-la en utilisant le verbe avoir au présent. Écris au moins cinq phrases.**

Ex. : Pauline **a** les cheveux frisés. Elle **a** une robe jaune, etc.

5 ★★ **Complète ces phrases par a ou par à.**

Ex. : Je vais ... l'école. → Je vais **à** l'école.

Pierre ... porté le journal ... tante Sonia. • Pauline s'est mise ... travailler, tandis que Sophie rêvait ... côté d'elle. • Le chat ... guetté la souris, puis il lui ... sauté dessus et il l' ... croquée. • Il est parti ... pied. • On ... écouté son discours ... la radio.

6 ★★★ **Écris l'expression construite avec a.**

Ex. : Son vélo a deux sacoches en cuir. → **avoir** deux sacoches.
Il a perdu un bouton de sa chemise. → **avoir** perdu (un bouton).

François a oublié son ballon chez son copain. • Son chien a peur de tout. • Grand-père a dormi dans son fauteuil jusqu'à cinq heures. • Mon frère a de la chance ! • Elle a des yeux noirs. • Il a appris ses leçons tout seul. • Ma grande sœur nous a lu deux fois la poésie. • Victoria a des cheveux blonds avec des reflets roux. • C'est maintenant elle qui a la parole. • On a roulé pendant deux heures sans voir une maison.

7 ★★★ **Complète ces phrases par a ou par à.**

Ex. : Il ... passé le ballon ... l'avant-centre.
→ Il **a** passé le ballon **à** l'avant-centre.

Il est tombé ... plat ventre dans la poussière. • Chloé ... attendu longtemps ... l'arrêt du bus. • On ... eu de la peine ... le faire taire. • Ils ont raconté leur histoire ... tout le monde. • Le bateau ... disparu ... l'horizon. • Un pompier ... réussi ... les sauver.

8 ★★★ **Trouve une question qui peut aller avec ces réponses.**

Ex. : **à** la mairie. → Où travaillez-vous ? À la mairie.

à la montagne, à midi, à la piscine, à toute la classe, à la maison.

EN SAVOIR DAVANTAGE *Le verbe* ***avoir*** *peut aussi se prononcer comme* **a**, *mais s'écrire* **as**. *C'est alors la 2ᵉ personne du singulier du présent :* Tu **as** faim. Tu n'**as** pas mangé. **As**-tu soif ?

A

Accents sur la lettre e

orthographe d'usage

Un accent est un signe que l'on met au-dessus d'une voyelle. Au-dessus de la lettre **e**, il indique la prononciation.

La lettre e peut porter trois accents différents :
– l'accent aigu, qui marque la prononciation « é » de bébé ;
– l'accent grave, qui marque la prononciation « è » de mère ;
– l'accent circonflexe, qui marque aussi la prononciation « è ».

un bébé	la mère	la tête
une étoile	la rivière	la fenêtre
accent aigu	accent grave	accent circonflexe

9 ★ **Copie ces mots en ajoutant les accents aigus (é) qui manquent.**

Ex. : une poupee → une poupée.

une ecole
une cheminee
une annee
une epingle
l'ecorce d'un arbre
de la fumee noire
un regime
un melange
une epine de cactus
une journee

10 ★ **Copie ces expressions en ajoutant les accents aigus (é) ou les accents graves (è) qui ont été enlevés.**

Ex. : un eleve serieux → un élève sérieux.

une bonne idee
trois centimetres
avoir des defauts
une petite riviere
une chevre blanche
des germes de ble
se mettre en colere
une soiree agreable
reunir des amis
un trefle à quatre feuilles

11 ★ **Même consigne.**

monter au dernier etage
jouer avec son grand-pere
être en conge maladie
rester pres de sa mere
preparer du cafe
être à la lisiere du bois
tomber sur le derriere
jouer à la recreation
appeler une infirmiere
faire la courte echelle

12 ★★ **Ajoute les accents aigus (é) ou circonflexes (ê).**

Ex. : soigner une bete malade → soigner une bête malade.

manger une peche jaune
avoir dechire son tricot
faire sauter une crepe
habiter dans une vallee
etre pique par une guepe

ne pas oublier son echarpe
mettre un vetement neuf
descendre au prochain arret
rester à l'interieur de la maison
repondre au telephone

13 ★★ **Dix mots de ce texte n'ont plus leurs accents. Corrige-les.**

Sur la route des vacances… Apres vingt kilometres de route à travers les collines, nos amis arrivent au camping des Terrasses au debut de l'apres-midi. Situe à l'entree d'un village paisible, il domine une riviere qui coule en contrebas. De l'autre côte de la route, un grand bâtiment abrite une gendarmerie.
– Decidement, il y a des gendarmes partout ! dit Ratus à sa grand-mere.

14 ★★★ **Corrige les dix mots qui ont perdu leurs accents.**

Prisonniers… Avec l'aide de son frere, Caroline denuda les extremites des petits morceaux de fils que le robot relia entre eux. Ils obtinrent ainsi un fil de trois metres de long. Se protegeant les mains, Caroline l'attacha à la serrure de la porte. Elle enfila l'autre extremite du fil dans une prise de courant. Une etincelle jaillit. Toutes les lampes s'eteignirent aussitôt. Thomas saisit la poignee de la porte et ouvrit. Ils etaient libres !

15 ★★★ **Même consigne.**

Premier entraînement… Ils repeterent la regle, comme pour se rassurer. La partie commença tres mal. Les centres de Romain n'etaient pas aussi bien ajustes que d'habitude et Artur etait maladroit. Le debut fut catastrophique : un seul but sur les dix premieres tentatives ! L'entente entre les deux comperes n'etait pas encore parfaite…

EN SAVOIR DAVANTAGE *Si deux mots se prononcent de la même façon, on met souvent un accent (grave ou circonflexe) pour montrer qu'ils n'ont pas le même sens :* Il est **sur** son vélo. Il est **sûr** de lui.

A

Adjectif

L'adjectif est un mot qui accompagne et précise ce que représente le nom.
Ex. : Cette voiture **neuve** est **rouge**.

L'adjectif accompagne le nom.

un joli livre	un livre neuf	un joli livre neuf
adjectif + nom	nom + **adjectif**	**adjectif** + nom + **adjectif**

L'adjectif précise « comment est » une personne, un animal, une chose, une idée.

C'est un gros livre.
adjectif → *comment est* le livre ? il est **gros**

L'adjectif peut être dans le groupe du nom ou en dehors. Le nom et l'adjectif sont toujours reliés par l'idée *qui est* (*qui sont, qui était*...), même quand ils sont séparés.

J'ai un gros livre.	Ce livre est très beau.
adjectif nom	nom **adjectif**
c'est le livre **qui est** gros	c'est le livre **qui est** beau

16 ★ **Écris les adjectifs contenus dans ces groupes du nom.**
Ex. : un homme grand → **grand**.
une jolie chanson, une route droite, un bébé souriant, un temps froid, un jouet solide, une orange juteuse, une jeune femme, une rue déserte, une longue table, des raisins secs.

17 ★ **Écris les adjectifs qui disent comment peut être une personne.**
maigre, politesse, vieille, beauté, bavarde, dormir, se lever, gentille, travailler, jolie.

18 ★ **Écris les adjectifs qui disent comment peut être un chien.**
courir, sale, arrêt, noir, gros, mordre, peureux, méchanceté, affectueux, bondir.

19 ★ **Écris les adjectifs qui disent comment peut être un vélo.**
beau, propreté, grand, sauter, vitesse, léger, rouler, neuf, vert, danger.

20 ★★ **Relève les adjectifs contenus dans cette liste de mots. (Ils peuvent être utilisés pour décrire une personne.)**

timide, prendre, course, généreux, journée, fort, jouer, soleil, beau, fenêtre, monter, heureux, chanter, joyeux, faible, voiture, raisonnable, prudent, demander, fidèle.

21 ★★ **Même consigne.**

barbu, répondre, menteur, habitude, bouton, content, sortir, pantalon, manger, instruit, lent, armoire, frisé, serviable, crier, poilu, boire, malin, magasin, charmant.

22 ★★ **Relève les adjectifs contenus dans cette liste de mots. (Ils peuvent être utilisés pour décrire un objet.)**

tomber, pointu, énorme, lampe, petit, chercher, rouillé, gros, caisse, cher, savoir, bateau, vieux, pratique, croire, jaune, réparer, santé, silencieux, essence.

23 ★★★ **Souligne les dix adjectifs qui sont dans les phrases suivantes.**

Ex. : Il y a de gros nuages noirs. → Il y a de <u>gros</u> nuages <u>noirs</u>.

J'ai acheté du ruban adhésif très solide. • On a mangé un œuf dur et du fromage blanc. • Le touriste belge nous a raconté une histoire drôle. • De curieux visiteurs ont pique-niqué dans le vieux château. • Ma petite sœur aime beaucoup les figues fraîches.

24 ★★★ **Écris les adjectifs qui correspondent à ces noms.**

Ex. : la pauvreté → **pauvre**.

la vitesse, la rapidité, la grosseur, la minceur, la gentillesse, la solidité, la grandeur, l'épaisseur, la souplesse, la faiblesse.

25 ★★★ **Écris les adjectifs qui correspondent à ces verbes.**

Ex. : agrandir → **grand**.

jaunir, s'enrichir, rapetisser, grossir, approcher, affaiblir, noircir, durcir, ralentir, attendrir.

EN SAVOIR DAVANTAGE *Le mot* adjectif *est très ancien. Il y a longtemps, en latin,* adjectivum *signifiait « qui s'ajoute ». En effet, un adjectif est bien un mot qu'on ajoute au nom.*

A

Adjectifs qualificatifs

accords

Les adjectifs qualificatifs sont des mots qu'on ajoute aux noms pour dire comment sont les personnes, les animaux, les choses dont on parle. Ex. : une personne **gentille**, un chien **méchant**, une voiture **blanche**.

L'adjectif qualificatif se met au masculin ou au féminin, au singulier ou au pluriel comme le nom auquel il se rapporte. On dit qu'il s'accorde en genre et en nombre avec le nom.

un pantalon vert
un → masculin singulier

une jupe verte
une → féminin singulier

des pantalons verts
des → masculin pluriel

des jupes vertes
des → féminin pluriel

Quand un adjectif se rapporte à deux noms ou plus, il est toujours au pluriel. Il est au féminin seulement si tous les noms sont féminins.

une jupe et une veste vertes
féminin + féminin → féminin pluriel

une jupe et un pantalon verts
féminin + masculin → masculin pluriel

26 ★ **Complète en accordant les adjectifs en *italique*.**

Ex. : des jouets *amusant* → des jouets **amusants**.

un jouet *amusant*	un *petit* garçon
des jouets …	une … fille
une histoire …	des … filles
des histoires …	des … garçons

27 ★ **Relie chaque nom à l'adjectif correct, puis écris les groupes du nom que tu obtiens.**

Ex. : une fillette polie.

une fillette		des nuages	
un garçon	poli	une voiture	noir
des enfants	polie	un cheval	noire
des gens	polis	des pierres	noirs
une voisine	polies	des cheveux	noires
des personnes			

28 ★★ **Accorde les adjectifs en *italique*.**

Ex. : des voitures *neuf* → des voitures **neuves**.

une tranche *fin*	des assiettes *plat*	une porte *ouvert*
la marée *bas*	une maison *isolé*	des fenêtres *fermé*
la marée *haut*	une bête *furieux*	une lumière *vif*
des verres *propre*		

29 ★★ **Même consigne.**

des stylos *bleu*	une chatte *curieux*	des nuits très *froid*
des gens *maigre*	des joueurs *jeune*	des chiens *méchant*
les lois *français*	une chemise *blanc*	une soupe trop *chaud*
de *lourd* valises		

30 ★★ **Complète chaque phrase avec deux adjectifs du cadre.**

Marie et Gaston sont …
Paul et Gérard sont …
Sylvie et Victor sont …
Claire et Anne sont …
Charles, Laure et Juliette sont …

brunes
blonds
frisées
frisés

31 ★★★ **Accorde l'adjectif neuf dans ces phrases.**

Ces draps sont *neuf.* • Cette couverture et cette couette sont *neuf.* • La table et le buffet sont *neuf.* • Ces verres et ces assiettes sont *neuf.* • Cette voiture a des roues et des pneus *neuf.*

32 ★★★ **Accorde les adjectifs entre parenthèses.**

Un amour de petite chèvre… Qu'elle était (*joli*) la (*petit*) chèvre de M. Seguin, avec ses yeux (*doux*), sa barbiche de sous-officier, ses sabots (*noir*) et (*luisant*), ses cornes (*zébré*) et ses (*long*) poils (*blanc*) qui lui faisaient une houppelande ! Et puis, (*docile*), (*caressant*), se laissant traire sans bouger, sans mettre son pied dans l'écuelle.

EN SAVOIR DAVANTAGE *L'adjectif qualificatif est parfois éloigné du nom :* **La voiture** de grand-père est **bleue**. *Si on oublie d'accorder* bleu *avec* voiture*, on comprend toujours la phrase, mais on a écrit que c'est grand-père qui est bleu !*

A

Adverbe

grammaire

L'adverbe est un mot qui sert à préciser le sens d'un verbe : il parle, il parle **fort**. Il peut aussi préciser le sens d'un adjectif ou d'un autre adverbe : il est grand, il est **très** grand, il est **vraiment** très grand.

L'adverbe est un mot invariable. On ne lui met jamais le s du pluriel, ni le e du féminin.

Elle est fatiguée.	Elle dort debout.	Ils dorment debout.
adjectif (accord)	adverbe (invariable)	adverbe (invariable)

L'adverbe permet de préciser le sens d'un verbe pour mieux exprimer ce qu'on veut dire.

chanter → Elle chante juste. Elle chante mal. Elle chante bien.

Exemples d'adverbes :

à peine	déjà	encore	loin	souvent
assez	derrière	enfin	longtemps	toujours
aussi	dessous	environ	peu	très
beaucoup	dessus	hier	presque	trop
bien	devant	jamais	près	vite

33 ★★ **Dans chaque phrase, souligne l'adverbe.**

Ex. : Notre équipe gagne souvent. → Notre équipe gagne <u>souvent</u>.

Il marche lentement. • Il reviendra bientôt. • J'ai presque terminé. • Ma sœur est déjà réveillée. • Il mange encore des frites !

34 ★★★ **Écris ces phrases en supprimant les adverbes.**

Ex. : Il chante faux. → Il chante.

Elle sort souvent quand il pleut. • On répond toujours à ses questions. • Vous travaillez beaucoup. • Ils ont tourné longtemps avant de trouver la bonne rue. • Il est enfin revenu.

35 ★★★ **Ajoute un adverbe dans chacune de ces phrases.**

Il court. • Elle écrit. • Tu dors. • Vous mangez. • On a attendu.

EN SAVOIR DAVANTAGE *On classe souvent les adverbes selon leur sens. Il y a par exemple des adverbes de manière* (elle chante **bien**), *des adverbes de temps* (elle chantera **demain**), *des adverbes de lieu* (elle chante **partout**).

ai ou ei
dans les mots

orthographe d'usage

A

ai et ei se prononcent comme è.

Le son « è » peut s'écrire ai, comme dans maison.

une maison	le lait	il aime

Le son « è » peut s'écrire ei, comme dans neige.

la neige	un peigne	la reine

Un mot de la même famille aide parfois à comprendre pourquoi on écrit ai ou ei.

aimer	clair	la reine	la peine
amour	la clarté	un règne	pénible

36 ★ **Écris ces mots en deux groupes : ceux avec ai et ceux avec ei.**

la peine, un Français, du seigle, une fraise, un Anglais, treize, un balai, une baleine, une falaise, la verveine.

37 ★★ **Trouve les noms avec ai qui correspondent à ces définitions.**

Ex. : On y vit au chaud et à l'abri. → la **maison**.

On la tricote. • On s'assoit sur elle. • Insecte ou bien clou avec une tête de couleur. • Habitant de l'Irlande. • Endroit où il faut payer.

38 ★★ **Trouve les mots avec ei qui correspondent à ces définitions.**

Elle tombe du ciel. • Tout petit râteau pour les cheveux. • Énorme animal qui vit dans l'eau. • Tuyau où passe le sang. • Huit et huit.

39 ★★★ **Écris deux par deux les mots de la même famille.**

la graisse, une graine, soustraire, un bain, un rabais, se baigner, une soustraction, gras, une baisse, un granulé.

EN SAVOIR DAVANTAGE *Pour écrire le son « è », on utilise* **ai** *trois fois sur dix et* **e** *sans accent six fois sur dix (comme dans* perle*). Une fois sur dix seulement, on écrit* **ê**, **ei** *ou même* **ey** *(comme dans* poney*).*

A

ail, eil, euil, ouil
dans les mots

orthographe d'usage

ail et **aill**, **eil** et **eill**, **euil** et **euill**, **ouil** et **ouill** se prononcent de la même façon. Ex. : un portail et une volaille ; un orteil et une corbeille.

► **On écrit ail, eil, euil, ouil seulement à la fin d'un mot masculin.**

un portail	un réveil	un fauteuil	le fenouil
masc. **–ail**	masc. **–eil**	masc. **–euil**	masc. **–ouil**

► **On écrit aill, eill, euill, ouill à la fin d'un nom féminin, à l'intérieur d'un mot et dans un verbe conjugué.**

une médaille	un paillasson	on travaille	nous travaillons
féminin **–aille**	**–aill–**	verbe **–aill–**	verbe **–aill–**

40 ★ **Écris ces mots en ajoutant un ou une.**

corbeille | groseille | citrouille | orteil | écaille
grenouille | chevreuil | écureuil | médaille | appareil

41 ★★ **Complète ces mots par ail, eil ou euil.**

Ex. : le port… → le portail.

le trav…, un écur…, un dét…, avoir somm…, un tr…, être en d…, un vitr…, un cons…, un soupir…, un épouvant… .

42 ★★ **Complète ces expressions par ail ou aille, eil ou eille.**

des or…s, un rév…, une bat…, le sol…, une bout…, un r… de chemin de fer, des vol…s, le gouvern… du bateau, une merv…, une mur… .

43 ★★★ **Complète ces phrases par il ou ill.**

Ex. : Où sont les boute…es de soda ? → Où sont les bouteilles de soda ?

Il y a un pa…asson sur le seu… de la maison. • Je vous le conse…e. • Elle se débrou…e bien. • Le train a déra…é. • Le fauteu… de plage est rou…é. • C'est pare… ! • Veu…ez écouter. • Il a fa…i tomber.

EN SAVOIR DAVANTAGE *Le mot* portefeuille *est masculin, comme* écureuil. *Pourtant, il se termine par* euille *! C'est parce qu'il est formé avec le mot* feuille.

aller

Le verbe **aller** est le seul verbe irrégulier terminé par **–er**.

Au présent, à l'imparfait et au futur, le verbe aller change complètement.

présent	imparfait	futur
En ce moment...	*Il y a longtemps...*	*Demain...*
je vais	j'allais	j'irai
tu vas	tu allais	tu iras
il, elle, on va	il, elle, on allait	il, elle, on ira
nous allons	nous allions	nous irons
vous allez	vous alliez	vous irez
ils, elles vont	ils, elles allaient	ils, elles iront

Au passé composé, le verbe aller se conjugue avec l'auxiliaire être.

passé composé (sujet masculin)	passé composé (sujet féminin)
Hier...	*Hier...*
je suis allé	je suis allée
tu es allé	tu es allée
il est allé	elle est allée
nous sommes allés	nous sommes allées
vous êtes allés	vous êtes allées
ils sont allés	elles sont allées

44 ★ **Complète par le verbe aller au présent.**

Ex. : Ils … à l'école. → Ils **vont** à l'école.

Tu … te coucher. • Nous … à la campagne. • Elle … au marché. • Je … au cours de danse. • Vous … au cinéma ?

45 ★ **Complète par le verbe aller au passé composé.**

Ex. : Hier, vous … au zoo. → Hier, vous **êtes allés** (ou **allées**) au zoo.

Hier, il … au zoo. J'y … avec lui. Nous … voir les singes. Ils … se percher dans un arbre. Tu … voir les singes, toi aussi ?

46 ★★ **Écris le verbe aller au présent, à l'imparfait ou au futur.**

– Comment … -vous ? – Moi, je … bien. Et toi, tu … bien ? • Demain, il … chez le dentiste. • Autrefois, vous … à cette école.

A

an, en, in
dans les mots

orthographe d'usage

Les sons représentés par **an** (ou **en**) et par **in** sont des sons voyelles proches que l'on prononce en faisant sortir de l'air par le nez.

Le son « an » s'écrit an ou en.

une antenne — une plante — enlever — un mensonge

Remarque. Si la lettre qui vient juste après le n est un m, un b ou un p, an s'écrit am et en s'écrit em.

in correspond au son que l'on entend à la fin de lapin.

un inconnu — un dindon — un lapin

47 ★ **Écris ces noms en deux groupes : ceux avec an et ceux avec en.**

une plante, une envie, un pantalon, les gens, la rentrée, la banque, le ventre, la langue, une chanson, un mensonge.

48 ★ **Complète ces noms par an ou in.**

Ex. : un pélic... , un d...don → un pélic**an**, un d**in**don.

le rais..., un march...d, un jard..., un s...ge, des coll...ts, un sap..., un rub..., un bass..., une d...se, une b...quette.

49 ★ **Complète ces noms par en ou in.**

Ex. : un dess... , une p...te → un dess**in**, une p**en**te.

un médec..., de l' ...cre, une ...firmerie, une ép...gle, une ...trée, un rav..., l'arg...t, un ...droit, un ...secte, un monum...t.

50 ★★ **Quels noms terminés par an ou in correspondent à ces mots ?**

Ex. : le voisinage → un **voisin**.

la matinée, une paysanne, cheminer, l'artisanat, tambouriner, finir, volcanique, une musulmane, une moulinette, océanique.

EN SAVOIR DAVANTAGE *On écrit aussi souvent* **an** *que* **en**. *À la fin des mots, le suffixe* –**ment** *s'écrit avec* **en** (vraiment, un changement). *La terminaison de verbe* –**ant** *s'écrit toujours avec* **an** (glissant, en jouant).

Apostrophe

orthographe d'usage

L'apostrophe (') est un signe qui remplace un **e** ou un **a** quand le mot qui suit commence par une voyelle.

Avant les mots qui commencent par une voyelle, le et la s'écrivent l'.

un animal	un élève	une image	je le vois
l'animal	l'élève	l'image	je l'ai vu

Avant les verbes qui commencent par une voyelle, je s'écrit j' et se s'écrit s'.

je regarde	je vois	il se couche	elle se marie
j'ai regardé	j'écoute	il s'endort	elle s'est mariée

51 ★ **Remplace un ou une par l'.**

Ex. : un animal → **l'**animal.

une école, un oiseau, un enfant, une usine, une ardoise, un ours, une épingle, une armoire, un ongle, une avenue.

52 ★ **Écris ces noms en ajoutant le, la ou l'.**

ami, sapin, orange, abeille, maison, porte, oreille, chien, arbre, chemin.

53 ★★ **Transforme ces verbes en ajoutant se ou s'.**

Ex. : approcher, reculer → **s'**approcher, **se** reculer.

regarder, amuser, trouver, arrêter, apercevoir, décider, endormir, pencher, sauver, appeler.

54 ★★ **Écris ces phrases en séparant les mots.**

Ex. : Lânegristrottedanslepré. → L'âne gris trotte dans le pré.

Jaimelesanimaux. • Jirailannéeprochaine. • Lafillettesendort. • Japprendslorthographe. • Léléphantséloigne.

EN SAVOIR DAVANTAGE *Quand un mot commence par la lettre* **h**, *on écrit* **l'** *à la place de* **le** *ou* **la** *si le* **h** *est muet, c'est-à-dire si on fait la liaison au pluriel :* des histoires → l'histoire.

A

au ou eau
dans les mots

orthographe d'usage

au et **eau** se prononcent de la même façon. Dans l'écriture **eau**, on retrouve **au** précédé d'un **e** muet.

au et eau représentent le son « o ».

une auto — le chauffage — beaucoup — un cadeau

eau correspond souvent à el dans un mot de la même famille.

un carreau — un chameau
un carrelage — un chamelier

55 ★ **Classe ces mots en deux groupes : ceux où le son « o » s'écrit avec au et ceux où le son « o » s'écrit avec eau.**

pauvre, un pinceau, des animaux, un seau, un marteau, une taupe, nouveau, des travaux, un chapeau, à gauche.

56 ★ **Complète ces noms, toujours avec les mêmes lettres.**

un mant…	un plat…	un cham…	un bat…	un berc…
un morc…	un drap…	un bur…	un pot…	un cout…

57 ★★ **Complète ces phrases par au ou par eau.**

Quelle chaleur ! Il fait ch…d ! • Les feuilles jaunissent, elles deviennent j…nes. • Le métier de l'oiseleur est d'attraper les ois…x. • Il a carrelé sa cuisine avec de grands carr…x. • Dénoyauter, c'est enlever le noy… d'un fruit.

58 ★★★ **Écris deux par deux les mots de la même famille.**

un jumeau, nouveau, une plume, un lion, rouler, un cheval, beau, le museau, un ruisseau, sauver, un lionceau, un sauvetage, belle, une jumelle, nouvelle, un rouleau, une muselière, chevaucher, un plumeau, ruisseler.

EN SAVOIR DAVANTAGE *Pour écrire le son « o », trois fois sur quatre, on utilise tout simplement un* **o** : une rose, un problème.

avoir (1)
présent et passé composé

conjugaison

Le verbe **avoir** est très souvent l'auxiliaire d'un autre verbe. Au passé composé, l'auxiliaire du verbe **avoir** est… le verbe **avoir** lui-même !

Au passé composé, le verbe avoir est formé de l'auxiliaire avoir au présent, suivi de son participe passé eu.

présent		**passé composé** (sujet masculin ou féminin)	
En ce moment…		*Hier…*	
j'ai	nous avons	j'ai eu	nous avons eu
tu as	vous avez	tu as eu	vous avez eu
il, elle, on a	ils, elles ont	il, elle, on a eu	ils, elles ont eu

59 ★ **Complète par le verbe avoir au présent.**

Ex. : Elle … des bottes rouges. → Elle **a** des bottes rouges.

Tu … un petit frère. • J' … une grande sœur. • Nous … de la chance. • Ils … la rougeole. • On … une histoire à raconter.

60 ★ **Complète par le verbe avoir au passé composé.**

Ex. : Hier, j' … froid. → Hier, j'**ai eu** froid.

L'an passé, nous … beaucoup de pluie. • Samedi dernier, j' … de la fièvre. • Est-ce que vous … de ses nouvelles ? • Tu … du courage pendant l'accident ! • Les passagers de l'avion … très peur.

61 ★★ **Écris le verbe avoir au présent ou au passé composé.**

Ma cousine … son brevet de natation hier. • Elle … des cheveux blancs. • Quel âge … -t-il ? • Il a distribué les cartes et j' … les quatre as. • … -tu un stylo à me prêter ? • Maintenant, les pompiers … un nouveau camion. • Cet ordinateur, on l' … pour presque rien, mais on a dû le payer comptant. • Excusez-moi, … -vous l'heure ? • À partir d'aujourd'hui, ils … le droit de passer dans ce chemin. • Ta mère est venue hier soir et nous … du plaisir à bavarder avec elle.

EN SAVOIR DAVANTAGE *Le verbe* avoir *est le verbe qu'on utilise le plus souvent en français. Au classement, il est premier sur plus de 7 000 verbes !*

A

avoir (2)
imparfait et futur

conjugaison

Le verbe **avoir** change complètement de forme suivant le temps auquel il est conjugué : j'**ai** (présent), j'**avais** (imparfait), j'**aurai** (futur).

À l'imparfait et au futur, le verbe avoir a les mêmes terminaisons que les autres verbes.

Au futur, le son « o » s'écrit avec au qui contient le a de avoir.

imparfait		futur	
Il y a longtemps...		*Demain...*	
j'avais	nous avions	j'aurai	nous aurons
tu avais	vous aviez	tu auras	vous aurez
il, elle, on avait	ils, elles avaient	il, elle, on aura	ils, elles auront

62 ★ **Complète par le verbe avoir à l'imparfait.**

Ex. : L'an passé, vous ... une moto. → L'an passé, vous **aviez** une moto.

Sur le bateau, nous ... un gilet de sauvetage. J' ... très chaud. On ... l'air drôle. Elle ... un appareil photo et ils ... un maillot de bain vert.

63 ★ **Complète par le verbe avoir au futur.**

Ex. : Demain, j' ... tout mon temps. → Demain, j'**aurai** tout mon temps.

Ils ... bientôt dix ans. • Pour Noël, j' ... un ordinateur. • Est-ce que tu ... le temps de m'écrire ? • En guise de couverture, vous ... un duvet. • Le voleur a pu s'échapper, mais nous l' ... !

64 ★★ **Écris le verbe avoir à l'imparfait ou au futur.**

À l'époque, mes parents ... une tente et nous ... du plaisir à camper avec nos amis. J' ... six ans et Carole en ... sept. Nous ... l'habitude de jouer ensemble. Maintenant, nous allons nous marier ! Plus tard, nous ... une maison, et son frère en ... une aussi. J' ... l'occasion de l'inviter. Toi, Luc, tu ... aussi des enfants, et nos parents ... alors des petits-enfants !

EN SAVOIR DAVANTAGE *À l'imparfait et au futur, le verbe* avoir *est utilisé sans auxiliaire, comme au présent. On dit que ce sont des temps simples.*

c et g dans les mots

orthographe d'usage

Le **c** de **car** et le **g** de **gare** représentent des sons proches, qu'on articule de la même façon.

Avant a, o, u, la lettre c correspond au son que l'on entend au début de car.

un car   une corde   reculer

Remarque : qu correspond aussi au son que l'on entend au début de car. On écrit q (sans u) dans les mots coq et cinq.

Avant a, o, u, la lettre g correspond au son que l'on entend au début de gare.

la gare   un gobelet   un légume

65 ★ **Complète ces expressions par c ou par g.**

le …ou de la girafe, le …oût de la vanille, un morceau de …orde, avoir mal à la …orge, …arer sa voiture, dessiner un …arré, écrire dans un …arnet, une robe …arnie de dentelle, écrire …omme un chat, effacer avec une …omme.

66 ★★ **Complète ces phrases par qu ou par g.**

Le train part à midi et …art. • Il attend sur le …ai de la …are. • Il a traversé le fleuve en bar…e. • Comme tu es …ai ce matin ! • Sais-tu …and il reviendra ? • Il habite le …artier. • J'ai perdu un …ant. • Il a tout …ardé pour lui. • Elle porte la ba…ue de sa mère.

67 ★★ **Complète ces expressions en ajoutant c ou g.**

une …aufre au sucre, …oûter cher, un …offre à jouets, un chat de …outtière, une …abine, la …averne d'un ours, avoir un …age, une …amine, …oûter un plat, la …age de l'oiseau.

EN SAVOIR DAVANTAGE *Les sons représentés par le* **c** *de* car *et le* **g** *de* gare *sont des sons brefs, qui ne durent pas. Malgré cela, on peut sentir les cordes vocales vibrer si on pose son doigt sur son cou quand on prononce le* **g** *de* gare.

C

c ou ç
dans les mots

orthographe d'usage

La cédille est un petit crochet que l'on écrit sous la lettre **c** pour indiquer qu'elle se prononce « s ».

La lettre c suivie d'un e ou d'un i correspond toujours au son « s ».

une puce	merci	le cinéma
ce	ci	ci

Quand la lettre c est suivie d'un a, d'un o ou d'un u, on écrit ç (c cédille) pour avoir le son « s ».

un garçon	la façade	il a reçu
ço	ça	çu

68 ★ **Écris ensemble les deux mots de la même famille, puis souligne celui qui a un ç (c cédille).**

un limaçon, la Provence, une balançoire, une face, la glace, le provençal, une limace, une façade, une balance, un glaçon.

69 ★ **Complète ces expressions par c ou ç.**

Ex. : le mois de dé...embre → le mois de décembre.

parler fran...ais, une grima...e, un ciel mena...ant, une pla...e au premier rang, un professeur rempla...ant, un cale...on en soie, passer ses vacan...es en Fran...e, le rin...age du linge, une mena...e.

70 ★★ **Complète ces phrases par c ou ç.**

Ex. : Il a demandé un re...u. → Il a demandé un reçu.

J'ai appris la le...on. • On a rencontré Lu...ile au marché. • Elle a mis au monde un gar...on de trois kilos. • Il a mangé un mor...eau de sucre. • Fran...ois a accroché son hame...on à une branche. • Savez-vous où cette rivière prend sa sour...e ? • Le contrôleur a poin...onné son billet. • Le ma...on a acheté du ...iment.

EN SAVOIR DAVANTAGE *Le groupe de lettres* **cy** *se prononce comme* **ci** : une bicyclette, un cygne.

c ou ç à l'imparfait

conjugaison

Pour certains verbes, la terminaison peut obliger à changer l'orthographe du verbe conjugué.

Quand la terminaison de l'imparfait commence par un a, les verbes terminés par -cer s'écrivent avec ç.

avancer :		
	j'avançais	nous avancions
	tu avançais	vous avanciez
	il, elle, on avançait	ils, elles avançaient

71 ★★ **Complète ces verbes par c ou par ç.**

Ex. : lancer → je lan…ais, nous lan…ions. → je lançais, nous lancions.

avancer → tu avan…ais, vous avan…iez.
grincer → elle grin…ait, ils grin…aient.
foncer → je fon…ais, nous fon…ions.
bercer → il ber…ait, vous ber…iez.
placer → on pla…ait, elles pla…aient.

72 ★★ **Écris les verbes entre parenthèses à l'imparfait de l'indicatif.**

Autrefois, souvent…

Elle (*sucer*) son pouce.
Tu (*délacer*) tes chaussures.
Vous vous (*déplacer*) à moto.
Ils (*prononcer*) des discours.
Vous (*menacer*) les bavards.

Je (*percer*) des trous dans le mur.
Nous (*effacer*) le tableau.
J'(*annoncer*) les nouvelles.
Elle (*déplacer*) les meubles.
Il me (*forcer*) à travailler.

73 ★★★ **Choisis un verbe pour chaque phrase. Écris-le à l'imparfait.**

prononcer, se balancer, pincer, rincer, remplacer.

Les canards nous … avec leur bec. • Cet acteur … en articulant bien. • Je le … quand il était malade. • Charles … toujours la vaisselle en chantant. • Hélène … sur sa chaise.

EN SAVOIR DAVANTAGE *Les verbes terminés par* -ier *s'écrivent avec* deux i *quand ils sont conjugués avec* nous *et* vous *parce que la terminaison commence par un* i *qui vient après le* i *du verbe :* nous criions, vous criiez.

C

c ou qu
dans les mots

orthographe d'usage

La lettre **c** peut se prononcer de deux façons différentes : « s » et « k ». Elle est parfois remplacée par **qu**.

La lettre c avant a, o, u correspond au son « k ».

le café ca	la confiture co	la cuisine cu

Avant e et i, on remplace le c par qu pour garder le son « k ».

le cirque que	un marqueur que	un requin qui

74 ★ **Écris ces mots en deux groupes : ceux avec c et ceux avec qu.**
un pélican, des quilles, une carotte, un parquet, un abricot, un avocat, un piquet, un perroquet, un chacal, un requin.

75 ★★ **Complète ces expressions par c ou par qu.**
Ex. : de la grande musi…e → de la grande musi**que**.
un œuf à la co…e, une tasse de …afé, une ra…ette de tennis, un bo…al de …ornichons, un enfant ta…in, un pa…et de bonbons, une grande éti…ette, un vol…an en activité, se mettre en …olère.

76 ★★ **Complète ces phrases par c ou par qu.**
Il a glissé sur une pla…e de verglas. • On a un nouveau lo…al pour l'é…ipe. • Il est de santé déli…ate. • C'est une fille très co…ette. • Elle habite un village tran…ille. • Cette …ouverture est en laine. • On a mangé des hari…ots. • On lui a offert un bou…et de fleurs. • La bé…asse est un oiseau.

77 ★★★ **Écris le nom de la fleur qui a trois fois le son « k » : le …o…eli…ot.**

EN SAVOIR DAVANTAGE *Certains mots qui ont le son « k » s'écrivent avec la lettre* **k** *en souvenir de leur langue d'origine :* kilo *(grec)*, kangourou *(anglais d'Australie)*, képi *(allemand)*, kayak *(esquimau)*, karaté *(japonais)*.

c'est ou s'est

C'est sert à présenter, comme **voici** et **voilà**. Par contre, **s'est** fait toujours partie d'un verbe.

► **c'est est souvent suivi d'un groupe du nom. Il signifie « ceci est, cela est ». Il peut aussi être suivi d'un adjectif ou d'un pronom.**

C'est mon sac.	C'est joli.	C'est elle.
ceci est — nom	adjectif	pronom

► **s'est est suivi d'un verbe au participe passé.**

Il s'est levé.	On s'est promené.
se lever	**se** promener

78 ★ **Écris ces expressions en ajoutant c'est.**

Ex. : une pomme verte → **C'est** une pomme verte.

un papillon rare, la planète Mars, ma grand-mère, leur gros chien, une serviette de bain, mon anniversaire, le bon numéro, sa dernière adresse, une bonne nouvelle, la première fois.

79 ★★ **Souligne les verbes, puis écris-les à l'infinitif.**

Ex. : Il s'est caché derrière les rideaux. → Il <u>s'est caché</u> : **se cacher**.

Ma sœur s'est mariée à Lille. • Il s'est un peu penché. • Paul s'est tourné vers moi. • Il s'est reposé après le repas. • La cabine s'est séparée de la fusée. • Laura s'est habillée en noir. • Le cheval s'est dressé sur ses pattes arrière. • Le chat s'est glissé sous le drap. • L'histoire s'est bien terminée. • Il s'est poussé pour me laisser passer.

80 ★★ **Complète ces phrases par c'est ou par s'est.**

… un jeu passionnant.
Grand-père … réveillé tard.
… mon stylo préféré.
On … dépêché de rentrer.
Je te dis que … la vérité !

Elle … occupée de son frère.
On pense que … faux.
Maman … assise par terre.
Je crois que … une bonne idée.
Il … caché derrière le canapé.

EN SAVOIR DAVANTAGE *Au singulier, le verbe* savoir *au présent se prononce comme* c'est *et* s'est : je sais nager, il sait plonger.

C

ce ou se

homophones grammaticaux

Les mots **ce** et **se** n'ont pas du tout le même sens. Le premier accompagne le nom, le second accompagne le verbe.

ce fait partie du groupe du nom, au masculin singulier. Il exprime l'idée de montrer.

Ce garçon est mon frère.
ce garçon
nom

Je choisis ce fruit.
ce fruit
nom

se fait partie d'un verbe. Le verbe est à l'infinitif ou à la 3e personne du singulier ou du pluriel.

Il se cache sous la table.
se cacher
verbe

Elles se sauvent en riant.
se sauver
verbe

81 ★ **Pour chaque nom, remplace un par ce.**

Ex. : un cheval → **ce** cheval.

un chat, un fauteuil, un bâton, un chauffeur, un repas, un lit, un couteau, un balai, un passant, un médecin.

82 ★ **Pour chaque nom, remplace le déterminant par ce.**

Ex. : mon cartable → **ce** cartable.

mon vélo	notre maillot	leur bateau	ton magnétoscope
le journal	votre portail	son dessin	ton jeu de dames
son ballon	un poulet		

83 ★★ **Complète ces phrases par ce ou se.**

Ex. : On a tous lu … livre. → On a tous lu **ce** livre.

Il … couvre la tête avec un torchon mouillé. • … pêcheur a pris un saumon. • Elle … trompe souvent de chemin. • … piano est mal accordé. • Je connais bien … gardien. • Attention à … stylo : l'encre coule. • En hiver, on … sent bien au coin du feu. • Ils … battent souvent à la récréation. • Connais-tu l'histoire de … géant qui s'appelle Gargantua ? • La chatte et le chien … regardent en remuant la queue.

84 ★★ **Écris les verbes en *italique* à l'infinitif.**

Ex. : Les enfants *se déguisent* pour le carnaval. → **se déguiser**.

On *se servira* de ta caméra.
Mamie ne *se fâche* jamais.
Ces fruits *se mangent* en été.
Il *se passe* des choses graves !
La séance *se termine* à minuit.
Le chien *se couche* dans le lit !
Le chat *se cache* sous le buffet.
Les moutons *se tondent* en été.
Marianne *se rendormit* aussitôt.
S'il pleut, ils *se mettront* à l'abri.

85 ★★ **Écris les expressions suivantes au singulier.**

Ex. : ces lions endormis → **ce lion** endormi.

ces paniers d'osier
ces tapis persans
ces colis postaux
ces rubans dorés
ces bonbons fourrés
ces marchés couverts
ces contes d'autrefois
ces tonneaux vides
ces meubles peints
ces gros carnets

86 ★★★ **Pour chaque groupe de verbes, trouve celui qui peut être utilisé avec se. Écris-le.**

Ex. : dormir, coucher, rêver, bondir → **se coucher**.

lever, partir, tomber, rester.
pleuvoir, accourir, aller, souvenir.
revenir, battre, bâiller, grossir.
bavarder, flotter, préparer, déborder.
venir, réveiller, coûter, brouter.

87 ★★★ **Complète les phrases par ce ou par se.**

C'est … gendarme qui l'a arrêté. • Elle ne … trompe pas souvent. • Il y a tous les détails sur … plan. • En général, ils ne … lèvent pas tôt. • Les élèves … taisent en classe. • On l'a retrouvé dans … fossé. • Valentin … précipita dans les bras de sa mère. • C'est en disant … mensonge qu'il s'est trahi. • … léger retard n'a pas d'importance. • Elle … croit toujours la plus intelligente.

EN SAVOIR DAVANTAGE *On écrit toujours* **ce** *dans* ce que, ce qui : Dis-moi ce que tu veux. *On écrit aussi* **ce** *dans des questions :* Est-ce que tu viens ? Qu'est-ce que tu fais ? Qui est-ce ?

C

ces ou ses

homophones grammaticaux

Les mots **ces** et **ses** accompagnent tous les deux un nom au pluriel, mais ils ont un sens différent.

On écrit ces quand on montre plusieurs personnes, animaux ou choses. Au singulier, on écrirait ce, cet ou cette.

Les oiseaux vont aimer ces graines.
celles-ci, celles que je montre

On écrit ses pour indiquer que quelqu'un possède plusieurs choses. Au singulier, on écrirait son ou sa.

Pierre a mis ses chaussettes à l'envers.
les siennes

88 ★ **Remplace son ou sa par ses, puis accorde le nom.**

Ex. : sa poupée → **ses** poupées.

sa voiture	son violon	son pantalon	sa valise	sa devinette
son livre	sa cousine	son téléphone	son cahier	sa chemise

89 ★★ **Remplace ce, cet ou cette par ces, puis accorde le nom.**

ce nuage	cet arbre	ce fromage	ce chemin	cette boutique
cette maison	cet objet	cet insecte	cette odeur	cette parabole

90 ★★ **Complète ces phrases par ces ou ses.**

Papa a perdu … clés. • … insectes sont des cigales. • Je suis toujours … conseils. • … travaux coûtent cher. • On a écouté … histoires. • Me prêtera-t-il … cassettes ? • À qui sont … bottes ? • Admirez … châteaux et … forêts. • Elle a vendu … bijoux.

91 ★★★ **Écris au pluriel l'expression en *italique*.**

Voici *son amie.* • Tu devrais lire *ce poème.* • Admire *son effort.* • Elle a perdu *sa chaussure.* • Explique-moi *ce problème.*

EN SAVOIR DAVANTAGE *Dans une phrase, on peut parfois écrire* **ces** *aussi bien que* **ses**. *Tout dépend de ce qu'on veut dire :* J'ai rangé **ces** outils *(= ceux que je montre) ou bien* J'ai rangé **ses** outils *(= les outils de papa, les siens).*

cet ou cette

homophones grammaticaux

Cet et **cette** commencent par la lettre **c**, comme les autres petits mots qui servent à montrer : *ce, ces, ceux-ci, ceux-là...*

cet et cette expriment l'idée de montrer. Ils accompagnent toujours un nom au singulier.

Le nom qui suit cette est toujours féminin. Le nom qui suit cet est toujours masculin et commence par une voyelle.

cet animal	cette abeille
un animal	une abeille
masculin	**féminin**

92 ★ **Remplace cet et cette par un ou une.**

Ex. : cet arbre → **un** arbre.

cette image, cet étage, cet oiseau, cette guêpe, cet avion, cette barque, cet aigle, cette girafe, cette surprise, cet éléphant.

93 ★★ **Remplace un et une par cet ou cette.**

Ex. : une histoire amusante → **cette** histoire amusante.

une grappe de raisin, un escalier en bois, une ampoule électrique, un agent de la circulation, un épais brouillard, une écharpe en soie, une avenue de Paris, un oiseau de nuit, un œuf de Pâques, une belle image.

94 ★★★ **Complète ces phrases par cet ou par cette.**

Ex. : Copie ... liste d'adresses. → Copie **cette** liste d'adresses.

Donne-moi ... paire de ciseaux. • Ne prends pas ... air stupide. • ... idée est nouvelle. • ... appartement est trop grand pour toi. • C'est lui qui a gagné ... médaille olympique. • J'ai rencontré ... artiste l'an dernier. • Il y a des dessins sur les parois de ... grotte. • Il a un bureau à ... étage. • J'ai trop chaud avec ... couverture. • Je ne sais pas à quoi sert ... objet.

EN SAVOIR DAVANTAGE *On utilise aussi* **cet** *avant un nom masculin qui commence par un* **h muet** : un hôtel, cet hôtel. *(On dit que le* **h** *est muet parce qu'on peut faire la liaison.)*

D

dire

conjugaison

Le verbe **dire** est irrégulier au présent de l'indicatif.

Au présent, à la 2e personne du pluriel, le verbe dire ne se termine pas comme les autres verbes.

présent	imparfait	futur
En ce moment...	*Il y a longtemps...*	*Demain...*
je dis	je disais	je dirai
tu dis	tu disais	tu diras
il, elle, on dit	il, elle, on disait	il, elle, on dira
nous disons	nous disions	nous dirons
vous dites	vous disiez	vous direz
ils, elles disent	ils, elles disaient	ils, elles diront

passé composé (sujet masculin ou féminin)

Hier...

j'ai dit	nous avons dit
tu as dit	vous avez dit
il, elle, on a dit	ils, elles ont dit

95 ★ **Complète par le verbe dire au présent.**

Ex. : On … la vérité. → On **dit** la vérité.

Ils … que tu es gentil. • Nous … ce que nous pensons. • Tu … que tu viendras ? • Qu'est-ce que vous … ? • Il … qu'il a mal.

96 ★ **Complète par le verbe dire au passé composé.**

Ex. : Ils … un mensonge. → Ils **ont dit** un mensonge.

Nous lui … que nous étions contents. • Je n'ai pas entendu, tu l' … trop bas. • Hier, vous … qu'on irait au théâtre. • Le malade s'est réveillé et il … quelques mots. • Ils … « oui ».

97 ★★ **Complète par le verbe dire à l'imparfait ou au futur.**

Il … que son chat ouvrait les portes. Nous … que c'était impossible. • Ce soir, je lui … mes notes. • Vous lui … que j'ai téléphoné. • Nous témoignerons et nous … ce que nous avons vu.

EN SAVOIR DAVANTAGE *Au présent, on écrit* vous dites *(dire) et* vous redites *(redire). Mais les verbes* interdire, contredire *et* prédire *se conjuguent comme des verbes réguliers :* vous interdisez, vous contredisez, vous prédisez.

è ou e

La lettre **e** peut se prononcer « è », même si elle n'a pas d'accent.

- **Dans un mot, on met un accent grave sur un e qui se prononce « è » quand il est à la fin d'une syllabe.**

ma mère	un piège	un problème
mè-re	**piè**-ge	pro-**blè**-me

- **Quand un e n'est pas à la fin d'une syllabe, on ne met pas d'accent pour indiquer le son « è ».**

la lecture	perdu	un escargot
lec-ture	**per**-du	**es**-car-got

- **Quand il y a une consonne double, on coupe en syllabes entre les deux consonnes et on ne met pas d'accent sur le e.**

la terre	une ficelle	une fourchette
ter-re	fi-**cel**-le	four-**chet**-te

98 ★ **Écris ces mots en attachant les syllabes, puis ajoute les accents qui manquent.**

Ex. : un mer-le, son pe-re → un merle, son père.

mon fre-re	la mi-se-re	la lu-mie-re	la fer-me-tu-re
une pie-ce	la lec-tu-re	un pro-ver-be	un res-tau-rant
un es-pa-ce	un mo-de-le		

99 ★ **Même consigne.**

une fle-che	une cou-ver-tu-re	fi-de-le	res-pi-rer
un spec-ta-cle	com-ple-te-ment	un cer-cle	un cor-te-ge
une pri-e-re	une di-rec-tion		

100 ★ **Trouve les dix mots qui ont un e qui se prononce « è ». Écris-les.**

Ex. : un cheval, un serpent → un serpent.

le commerce, un repas, en septembre, le repassage, une auberge, une remarque, une lettre, un projecteur, une promenade, une serviette, emmener, une averse, achever, avoir la permission, le contenu, directement, de la dentelle, une laverie.

101 ★★ **Complète ces expressions par è ou par e.**

Ex. : une grande pi...ce → une grande pièce.

une éch...lle double, un rhume sév...re, une barri...re en bois, obs...rver le ciel, un enfant aff...ctueux, aller au coll...ge, l'én...rgie atomique, une casqu...tte en toile, un probl...me facile, un grand t...rrain.

102 ★★ **Même consigne.**

son oncle pat...rnel	un myst...re	arriver deuxi...me
la lumi...re du jour	être sinc...re	de la cr...me au chocolat
l'école mat...rnelle	un comm...rçant	une cafeti...re él...ctrique
un cheval n...rveux		

103 ★★★ **Ajoute les accents graves qui manquent. Souligne les mots qui ont un e qui se prononce « è ».**

Ex. : Je me rappelle qu'il a un frere. → Je me rappelle qu'il a un frère.

Quelle est l'adresse de Michele ? • C'est le terrier d'un lievre. • L'inspecteur s'est mis dans une colere terrible ! • Demande la permission. • Il faut respecter la signalisation routiere. • C'est un architecte célebre. • Il respire particulierement fort. • Il espere revenir l'an prochain. • La chatte a vu une vipere. • Il mesure presque deux metres. • On jouera sur la scene du théâtre.

104 ★★★ **Ajoute les accents graves qui ont été enlevés.**

le regne d'un roi	une alerte au feu	une personne inquiete
une réserve d'eau	de l'eau tiede	manger des asperges
un arc et une fleche	faire la sieste	une maison moderne
un tour de manege		

105 ★★★ **Ajoute les è ou les e qui ont été enlevés.**

regarder fi...rement, tomber dans le pi...ge, un rem...de utile, un po...te, une berg...re, une lant...rne, une cr...che, un couv...rcle de casserole, une m...che de cheveux, une r...gle d'orthographe.

EN SAVOIR DAVANTAGE *On ne met jamais d'accent sur un* e *placé avant la lettre* x : un exemple, une explication, le Mexique.

é ou ée
à la fin des noms féminins

amitié pitié moitié

orthographe d'usage

On ne met pas toujours un **e** à la fin d'un nom féminin terminé par le son « é ».

► **Les noms féminins terminés par le son « té » s'écrivent té quand ils sont construits à partir d'un adjectif.**

beau	bon	propre	rapide
la beauté	la bonté	la propreté	la rapidité

► **Les autres noms féminins terminés par le son « é » s'écrivent ée.**

la soirée	une rangée	la fumée	une arrivée

Exception : une clé.

► **Quelques mots s'écrivent tée parce qu'ils sont construits avec –ée, mais après la lettre t.**

monter	dicter	jeter	assiette
une montée	une dictée	une jetée	une assiettée

106 ★ **Complète ces mots par té ou par ée.**

Ex. : une journ… → une journée.

une matin…, une bouch…, la volon…, la mar…, la véri…, une bou…, la quali…, la chari…, une araign…, une chemin… .

107 ★★ **Quels noms féminins en –té correspondent à ces adjectifs ?**

Ex. : pauvre → la pauvreté.

fier	ferme	rapide	égal	propre
solide	sale	timide	rare	nouveau

108 ★★ **Écris les noms féminins qui correspondent à ces verbes.**

fumer, geler, monter, entrer, aller, jeter, porter, plonger, arriver, dicter.

EN SAVOIR DAVANTAGE *Quelques noms se terminent par* **ée** *et ne sont pas du genre féminin :* un lycée, un musée, un scarabée, un pygmée, un trophée.

é ou er

participe passé ou infinitif

conjugaison

Il y a plusieurs façons d'écrire le son « é » à la fin d'un verbe, suivant le sens de la phrase.

On écrit é à la fin du participe passé. Il est souvent conjugué avec avoir ou avec être.

Les enfants ont joué dans la cour.
avoir joué

Il est arrivé à vélo.
être arrivé

On écrit er quand c'est l'infinitif. Il indique une action qui vient de se faire, qui va se faire ou qui peut se faire.

On peut intercaler la question « quoi faire ? » avant le verbe ou remplacer le verbe par un infinitif du 3e groupe (prendre, faire, etc.).

Notre équipe veut gagner.
elle veut **quoi faire** ? gagn**er**
elle veut **prendre** l'avantage

L'avant-centre va marquer un but.
il va **quoi faire** ? marqu**er**
il va **mettre** un but

109 ★★ **Écris cinq phrases en complétant avec les verbes du cadre.**

Ex. : Elle a chanté (avoir chanté). Il veut jouer (il veut *quoi faire* ? jouer).

Elle a …
Il veut …

jouer	chanté	danser	mangé
regardé	se reposer	s'en aller	

110 ★★ **Complète par é ou par er.**

On a march… .
On aime march… .
Je sais plong… .
J'ai plong… .

Elle a téléphon… .
Elle peut téléphon… .
Il veut se dépêch… .
Il s'est dépêch… .

Ils ont écout… .
Il faut écout… .

111 ★★★ **Même consigne.**

Julien a voulu se cach… . Il a grimp… dans un arbre. Sophie l'a cherch… et elle l'a trouv… . Il a failli tomb… en redescendant !

EN SAVOIR DAVANTAGE *La lettre é du participe passé est parfois suivie de lettres qui marquent un accord : **e** pour le féminin, **s** pour le pluriel.*

é, er, ez, ais, ait, aient
à la fin des verbes

conjugaison

Il y a plusieurs façons d'écrire le son « é » ou le son « è » à la fin d'un verbe, suivant le sens de la phrase.

On écrit é à la fin du participe passé. Ce participe passé est conjugué avec avoir ou être.

Il a réparé la voiture.
avoir réparé (participe passé)

Il est allé au marché.
être allé (participe passé)

On écrit er à la fin de l'infinitif.

Il veut réparer la voiture.
il veut **quoi faire ?** répar**er** → il veut **faire** une réparation

On écrit ez si le verbe est à la 2e personne du pluriel.

Vous réparez la voiture ?
vous répar**ez**
présent de l'indicatif

Réparez cette voiture !
répar**ez**
présent de l'impératif

On écrit ais, ait ou aient à l'imparfait de l'indicatif.

Autrefois... je réparais mon vélo.
tu réparais la voiture.
il, elle, on réparait tout.
ils réparaient la machine.
elles réparaient la voiture.

112 ★ **Voici des débuts de phrases. Auxquels peut-on ajouter manger un bonbon ? Écris les phrases en entier.**

j'aimerais… • il avait… • j'ai… • tu aimes… • vous pouvez… • elle a… • tu veux… • il aurait bien… • nous avons… • elle pourrait… .

113 ★★ **Écris les cinq phrases possibles en reliant chaque début de phrase à une fin qui convient.**

Ex. : Elle veut + acheter le journal. → Elle veut acheter le journal.

Elle veut	ir**ez** au stade.
Il a	achet**er** le journal.
Vous	cach**é** le ballon.
Nous pouvons	cri**er** très fort.

114 ★★ **Trace les flèches possibles, puis écris les phrases obtenues.**

vous je veux il a nous allons elle	deviné deviner devinez devinait	tu vas on elle peut vous on avait	trouvé trouver trouvez trouvait

115 ★★ **Complète par é, ais, ait ou aient.**

Un panneau a signal… un bouchon. • Dès que je jou… de la flûte, les chiens hurl… à la mort. • Bébé s'est réveill… deux fois cette nuit. • On march… depuis deux jours. • Ma grand-mère a voyag… en train. • Il a oubli… son billet d'entrée. • Elle pass… souvent à la maison. • Jean-Marc est rest… tout l'été à Marseille. • Est-ce que tu entend… bien ?

116 ★★ **Complète par é, er ou ez.**

La température a baiss… pendant la nuit. • J'ai aid… une vieille dame à travers… la rue. • Prends cette brosse pour te coiff… . • Viss… le bouchon et secou… ! • Ils voudraient s'amus… . • Le cheval s'est arrêt… devant la haie. • Avanc… en file indienne. • L'arbitre l'a vu en train de pouss… le gardien.

117 ★★★ **Complète par les terminaisons de la leçon.**

Avez-vous tout contrôl… avant de commenc… ? • Il ne fait que grogn… ! • Elle l'a épous… très jeune. • Il neige… depuis ce matin. • Ils dev… tous travers… le fleuve à la nage. • Ne tap… pas si fort, vous risqu… de tout cass… !

118 ★★★ **Écris cinq phrases avec l'expression camper au bord d'un lac de façon que le verbe camper s'écrive : campé, camper, campez, campait, campaient.**

Ex. : L'été dernier, nous avons campé au bord d'un lac.

EN SAVOIR DAVANTAGE *Dans la phrase* « Je vais vous parler », parler *s'écrit comme dans la phrase* « Je vais parler ». *Cela signifie* « Je vais *quoi faire ?* parler (à vous) ». Vous *n'est pas le sujet du verbe.*

elle, ette, esse
à la fin des noms

orthographe d'usage

–elle, –ette, –esse servent à former des noms féminins.

► **De nombreux noms féminins se terminent par –elle, –ette, –esse.**

une poubelle	une assiette	une adresse

► **Il est souvent possible de reconnaître le mot qui a servi à former le nom féminin terminé par –elle, –ette, –esse.**

une passerelle passer	une noisette une noix	une princesse un prince

119 ★ **Complète ces mots par elle, ette ou esse.**

Ex. : une bonne cach… → une bonne cach**ette**.

une sem…, une toil…, la rich…, une demois…, des bret…s, des tr…s, une sauter…, des lun…s, des chauss…s, une prom… .

120 ★★ **Écris les noms en –esse qui correspondent à ces adjectifs.**

Ex. : faible → la faibl**esse**.

jeune, tendre, souple, poli, sage, délicat, triste, gentil, ivre, noble.

121 ★★ **Écris les noms en –ette qui correspondent à ces mots.**

Ex. : baver → **une bavette**.

deviner, une boule, une broche, une cloche, pousser, un casque, une noix, une poche, sonner, une trompe.

122 ★★★ **Écris deux par deux les mots de la même famille.**

Ex. : la **mie** et une **miette**.

la mie, un maître, grosse, une croquette, une ânesse, le cerveau, la vitesse, une fourche, une miette, un âne, la mollesse, une rondelle, une fourchette, un banc, la grossesse, la cervelle, une banquette, un rond, vite, croquer, une maîtresse, mou.

EN SAVOIR DAVANTAGE *Les groupes de lettres qu'on ajoute à la fin de certains mots pour former d'autres mots s'appellent des suffixes :* tigre → tigresse.

E

ère, ière
à la fin des mots

orthographe d'usage

L'écriture **–ère** se trouve à la fin de noms ou d'adjectifs féminins.

Beaucoup de mots terminés par –ère sont le féminin de mots terminés par –er.

une bouchère	une boulangère	une chose légère
un boucher	un boulanger	un objet léger

Beaucoup de mots terminés par –ière sont le féminin de mots terminés par –ier.

une écolière	une caissière	elle est première
un écolier	un caissier	il est premier

Certains mots terminés par –er n'ont pas de féminin.
Certains mots terminés par –ère n'ont pas de masculin.

le plancher — un métier
pas de féminin

une fougère — une rivière
pas de masculin

123 ★ **Écris le féminin en –ière qui correspond à ces mots.**

Ex. : un sorcier → **une sorcière**.

le premier, un caissier, un couturier, un épicier, un prisonnier, un infirmier, un ouvrier, un cavalier, un charcutier, un bijoutier.

124 ★★ **Écris le féminin qui correspond à ces mots. Pour deux mots, c'est impossible. Lesquels ?**

Ex. : le boulanger → **la boulangère**.

le passager, le danger, un étranger, être gaucher, un boucher, un berger, un horloger, un oranger, être léger, un messager.

125 ★★★ **Complète ces expressions par –ère ou par –ière.**

Ex. : une riv… en crue → une rivière en crue.

une soup… brûlante, se mettre en col…, la port… droite, une grande mis…, une barr… en bois, une langue de vip…, la crin… du lion, passer la front…, une panth… noire, la lum… du jour.

et ou est

homophones grammaticaux

E

Les mots **et** et **est** ont des sens très différents. Le premier est un petit mot invariable, le second est un verbe.

Le mot et sert à attacher deux mots, deux expressions ou deux phrases.

Il a un chat et un canari. 1 mot + 1 mot un chat **et puis** un canari	Le chat ronronne et le canari chante. 1 phrase + 1 phrase le chat ronronne **et puis** le canari chante

est, c'est le verbe être, à la 3e personne du singulier du présent.
est peut aussi être conjugué avec un verbe.
À l'imparfait, est devient était.

Elle est jolie. **être** jolie elle **était** jolie	On est en classe. **être** en classe on **était** en classe	Il est parti. **être** parti il **était** parti

126 ★ **Souligne le verbe être et entoure le petit mot et.**

Ex. : Charlotte est jolie et gentille. → Charlotte est jolie (et) gentille.

On a acheté un livre et un cahier. • La voiture de maman est blanche. • Elle a un ordinateur et une imprimante. • Le chat et le chien jouent ensemble. • Pierre est plus grand que sa sœur.

127 ★ **Remplace je suis par il est.**

Ex. : Je suis en avance. → **Il est** en avance.

Je suis gentil. • Je suis chez ma tante. • On dit que je suis très sage. • Je suis content. • Hier, je suis resté à la maison. • Je suis reparti tôt. • Dimanche, je suis passé le voir. • Je suis à pied. • Je suis à la cuisine. • Je suis jeune.

128 ★★ **Remplace était et son sujet par il est ou elle est.**

Ex. : Le chat était dans le panier. → **Il est** dans le panier.

Jérôme était venu par le train. • Ta sœur était juste devant moi. • La viande était très tendre. • Son mouchoir était dans sa poche. • Le mur était en brique. • Ce serpent était dangereux. • Le portail était ouvert. • Ma mère était déjà debout. • Son père était allé au marché. • La neige était tombée pendant la nuit.

129 ★★ **Attache ces phrases deux par deux avec le petit mot et, sans faire de répétition.**

Ex. : J'aime le chocolat. + J'aime les bonbons.
→ J'aime le chocolat **et** les bonbons.

Je joue au foot. + Je joue au tennis.
Elle va au jardin public. + Elle va à la bibliothèque.
Il a perdu son portefeuille. + Il a perdu son carnet de chèques.
Ma copine a mal à la tête. + Ma copine a mal au ventre.
Cette histoire est drôle. + Cette histoire me fait rire.

130 ★★ **Complète ces phrases par et ou par est.**

Pierre … Arthur sont cousins. Pierre … le plus âgé des deux.
Cette poire … bien mûre. J'aime les poires … les pêches.
Voici une photo … un dessin. La photo … très réussie.
Ce bouquet … très joli. Je l'ai offert à Sophie … à sa mère.
Il y a un chêne … un cerisier. Le cerisier … un arbre fruitier.

131 ★★★ **Trouve l'expression construite avec être. Écris-la.**

Ex. : Elle est souvent absente. → **être absente.**

Il est musicien. • Elle est déjà arrivée. • Mélanie est en forme. • Elle est de ton avis. • Ton gâteau est le meilleur. • Le vieux château est en ruine. • Ce jouet n'est pas à moi. • Le temps est au beau fixe. • Mon oncle est chauve. • La voiture n'est plus au garage.

132 ★★★ **Complète ces phrases par et ou par est.**

Ex. : Mets ton bonnet … tes gants. → Mets ton bonnet **et** tes gants.

Apporte les gobelets … les serviettes. • Le temps … chaud … humide. • Quelle heure … -il ? • Veux-tu une salade … une grillade ? • Elle … mignonne avec sa robe rouge … son chapeau de paille. • … -on bientôt en vacances ? • Elle … partie avec un sac … une valise. • Ce livre coûte cent vingt … un francs. • La chaudière … -elle réparée ? • Le vent n' … pas froid, ce matin.

EN SAVOIR DAVANTAGE *Le verbe* **être** *peut aussi se prononcer comme* est*, mais s'écrire* es*. C'est alors la 2*[e] *personne du singulier du présent :* Tu **es** grand. **Es**-tu malade ? Tu n'**es** pas venu.

être (I)
présent et passé composé

Le verbe **être** est parfois l'auxiliaire d'un autre verbe. Au passé composé, son auxiliaire est le verbe **avoir**.

Au passé composé, le verbe être est formé de l'auxiliaire avoir au présent, suivi du participe passé été.

présent		**passé composé** (sujet masc. ou fém.)	
En ce moment…		*Hier…*	
je suis	nous sommes	j'ai été	nous avons été
tu es	vous êtes	tu as été	vous avez été
il, elle, on est	ils, elles sont	il, elle, on a été	ils, elles ont été

133 ★ **Complète par le verbe être au présent.**

Ex. : Je … un enfant. → Je **suis** un enfant.

Ces outils … légers. • Nous … encore là. • Tu … en retard. • Elle … heureuse. • Vous … les plus grands.

134 ★ **Complète par le verbe être au passé composé.**

Ex. : Hier, j' … absente. → Hier, j'**ai été** absente.

Ils … seuls toute la journée. • Elle … contente d'apprendre la bonne nouvelle. • Nous … heureux qu'elle ait gagné. • Tu … l'accompagner à l'aéroport ? • Cette maison … à vendre pendant plus de deux ans avant de trouver preneur.

135 ★★ **Écris le verbe être au présent ou au passé composé.**

Pendant longtemps, ils … très pauvres. • J' … chez lui pendant sa maladie. • J'y … , j'y reste ! • Les gens … d'une grande générosité et ont beaucoup donné. • Crois-moi, je n'y … pour rien. • Il a échoué et il en … pour sa peine. • Les clés … dans la serrure. • On n'était pas invités, mais on … de la fête malgré tout. • Parle lentement, tu … difficile à comprendre. • La Terre … ronde.

EN SAVOIR DAVANTAGE *Le verbe* être *est un verbe qu'on utilise très souvent en français. Au classement, il est deuxième sur plus de 7 000 verbes !*

E

être (2)

imparfait et futur

conjugaison

Le verbe **être** change complètement de forme suivant le temps auquel il est conjugué : je **suis** (présent), j'**étais** (imparfait), je **serai** (futur).

À l'imparfait et au futur, le verbe être a les mêmes terminaisons que les autres verbes.

imparfait		futur	
Il y a longtemps...		*Demain...*	
j'étais	nous étions	je serai	nous serons
tu étais	vous étiez	tu seras	vous serez
il, elle, on était	ils, elles étaient	il, elle, on sera	ils, elles seront

136 ★ **Complète par le verbe être à l'imparfait.**

Ex. : Hier, elle … prête avant moi. → Hier, elle **était** prête avant moi.

Nous … les premiers, vous … les derniers ! J' … avec mes cousins. Ils … à cheval. On … en vacances.

137 ★ **Complète par le verbe être au futur.**

Ex. : Demain, on … loin ! → Demain, on **sera** loin !

Si je pars maintenant, je … en avance. • L'an prochain, elle … au cours moyen. • Si vous venez, vous … la plus jeune. • Ils … présents à ton mariage. • Quand … -tu prêt ?

138 ★★ **Écris le verbe être à l'imparfait ou au futur.**

Quand on arrivera, il … minuit. • Il avait tellement porté ses pantalons qu'ils … usés. • Elle … matinale et se levait à l'aube. • Demain, nous … en Bretagne. • Déguisées en fleurs, nous … très jolies l'an dernier. • Si vous vous inscrivez, vous … la seule fille du cours. • Je les ai perdues, pourtant elles … dans ma poche. • S'il gèle, ils … bons à jeter. • Si tu veux, tu … mon amie. • Avant, tu … le meilleur.

EN SAVOIR DAVANTAGE *Au futur, le verbe* savoir *ressemble beaucoup au verbe* être : il **saura** sa leçon *(savoir sa leçon). Le* **au** *du futur rappelle le* **a** *de* savoir. *Ne pas confondre avec :* il sera grand *(être grand).*

eu ou **œu** dans les mots

orthographe d'usage

eu et **œu** se prononcent de la même façon. Dans l'écriture **œu**, on retrouve **eu** précédé d'un **o** lié au **e**.

eu et œu représentent le son « eu ».

deux	jeudi	un peu	un œuf	le cœur

Remarque. De nombreux noms se terminent par **–eur** et de nombreux adjectifs se terminent par **–eux**.

un chanteur	la couleur	heureux	nuageux

139 ★ **Complète ces phrases par œu.**

Ex. : Il a fait un v… . → Il a fait un **vœu**.

Pierre a deux frères et une s…r. • Pauline a fait un n…d à son mouchoir. • L' …f de l'autruche est énorme. • À midi, on a mangé de la viande de b…f. • Le c…r des bébés bat vite.

140 ★★ **Trouve les mots qui ont eu et qui répondent à ces définitions.**

Ex. : Il est toujours sous le capot de la voiture. → Le **moteur**.

Elle dure soixante minutes. • C'est le contraire de *vieux*. • Son mari est mort. • Serpent utile et pas dangereux. • On le dit à quelqu'un quand on le quitte.

141 ★★ **Même consigne.**

C'est une couleur du drapeau français. • Il ne voit pas. • Elles sentent bon. • Verser des larmes. • Ils sont sur notre tête.

142 ★★★ **Complète les noms par –eur et les adjectifs par –eux.**

un temps orag…, faire une err…, un geste graci…, une forte chal…, un chemin bou…, un enfant courag…, un cour… rapide, un nouveau visit…, un virage danger…, une grande profond… .

EN SAVOIR DAVANTAGE *L'écriture* **œu** *se rencontre dans quelques mots qui ont souvent dans leur famille un mot avec le son « o » :* un chœur, la chorale ; un bœuf, des bovins.

E

eur
à la fin des noms

orthographe d'usage

Tous les noms terminés par le son « eur » s'écrivent –eur, qu'ils soient masculins ou féminins.

un chanteur	le moteur	une couleur	la chaleur
masculin –eur	masculin –eur	féminin –eur	féminin –eur

Exceptions : le beurre, une heure, une demeure.

143 ★ **Complète ces expressions.**

Ex. : une fl… des champs → une **fleur** des champs.

une od… de friture, une grande doul…, avoir de la val…, un pêch… à la ligne, un mot… électrique, un train à vap…, être de bonne hum…, un dress… de chiens, une coul… claire, un profess… de danse.

144 ★★ **Écris le masculin des noms suivants.**

Ex. : une coiffeuse → un **coiffeur**.

une danseuse, une monitrice, une nageuse, la directrice, une voyageuse, une menteuse, une actrice, une animatrice, une voleuse, une admiratrice.

145 ★★ **Écris le nom terminé par –eur qui correspond à ces mots.**

Ex. : une chanson → un **chanteur**.

vendre, chaud, courir, une farce, balayer, rouge, une mine, large, jongler, se balader.

146 ★★★ **Complète avec des mots qui se terminent par le son « eur ». Lis d'abord le texte du cadre bleu.**

Regarder … à sa montre. • Jouer avec sa … . • Manger une tartine de … . • Avoir le … qui bat. • Avoir … du noir.

EN SAVOIR DAVANTAGE *Deux noms en* –eur *s'écrivent avec* œ *(o + e liés) :* le cœur, la sœur. *D'autre part, les adjectifs terminés par* –eur *s'accordent et s'écrivent* –eure *au féminin :* un store intérieur, une porte intérieure.

f ou ph dans les mots

orthographe d'usage

f et ph sont deux façons d'écrire le même son.

f correspond au son que l'on entend au début de farine.

la farine	un enfant	une carafe

Remarque. Dans certains mots, le son « f » s'écrit ff.

une affiche	un sifflet	une étoffe

ph représente toujours le son « f », comme la lettre f.

une photo	l'alphabet	l'orthographe

147 ★ **Copie ces mots en deux groupes : ceux où le son « f » s'écrit avec un f et ceux où il s'écrit avec ph. Quel mot a deux fois le son « f » ?**

la famille, une phrase, une fête, un phoque, un défaut, du raphia, une pharmacie, un fruit, un photographe, le facteur.

148 ★ **Copie ces mots en deux groupes : ceux où le son « f » s'écrit avec un f et ceux où il s'écrit avec ff.**

le chauffage, préférer, un chiffon, un sifflet, défendre, souffler, un professeur, des griffes, offrir, refaire.

149 ★★ **Complète ces phrases par f ou ph.**

Ex. : Ce problème est ...acile. → Ce problème est facile.

Trois en...ants jouent dans la cour. • Il a un nouveau télé...one portable. • Un bébé élé...ant est né au zoo. • On a regon...lé les pneus de la voiture. • Je peux réciter l'al...abet sans me tromper. • Je cherche un morceau de ...icelle. • Nous avons pro...ité du soleil pour sortir et nous avons pris des ...otos. • Le dau...in a sauvé un nageur. • Il est interdit de ...umer dans ces bureaux.

EN SAVOIR DAVANTAGE *Neuf fois sur dix, le son « f » s'écrit avec la lettre* f *ou avec* ff. *Le groupe de lettres* ph *se rencontre dans de nombreux prénoms :* Philippe, Delphine, Sophie, Christophe...

F

f, v, ch, j
dans les mots

orthographe d'usage

f et v, ch et j représentent des sons proches qui peuvent être confondus.

f correspond au son que l'on entend au début de farine.
v correspond au son que l'on entend au début de valise.

la farine	un enfant	une carafe
une valise	un cheval	la cave

ch correspond au son que l'on entend au début de chat.
j correspond au son que l'on entend au début de jardin.

le chat	un marchand	la bouche
le jardin	un pyjama	bonjour

150 ★ Complète ces mots par f ou par v.

un sac de ...arine, aller trop ...ite, une addition ...acile, rendre ...isite à quelqu'un, casser une ...itre, une ...euille de papier, une ...ourmi rouge, un joli rê...e, la ...oudre, un ...élo de course.

151 ★ Complète ces mots par ch ou par j.

une barre de ...ocolat, lire le ...ournal, un diman...e du mois de ...uin, les mains dans les po...es, une belle ...ournée, mettre un ...apeau, la couleur ...aune, une ...eune fille, tourner à gau...e.

152 ★★ Complète ce petit texte en ajoutant f, v, ch ou j.

C'était un ...eudi de ...évrier. Un homme mar...ait sur un ...emin. Il ca...ait son ...isage pour lutter contre le ...roid de l'hi...er, contre le ...ent du nord qui lui ...etait ses ra...ales glacées sur la ...igure. Il arri...a de...ant une cabane d'où un ...ilet de ...umée s'é...appait de la ...eminée. Il entra ...ite. Il était au ...aud.

EN SAVOIR DAVANTAGE *« f » et « v » se prononcent de la même façon, « ch » et « j » aussi. Une seule différence : quand on prononce « v » et « j », on peut sentir les cordes vocales vibrer en posant un doigt sur son cou, au niveau du larynx.*

faire

Le verbe **faire** est un verbe irrégulier, très utilisé pour remplacer d'autres verbes. Ex. : Il lave la vaisselle. → Il fait la vaisselle.

L'écriture fai du verbe faire se change en fe à toutes les personnes du futur.

présent	imparfait	futur
En ce moment…	*Il y a longtemps…*	*Demain…*
je fais	je faisais	je ferai
tu fais	tu faisais	tu feras
il, elle, on fait	il, elle, on faisait	il, elle, on fera
nous faisons	nous faisions	nous ferons
vous faites	vous faisiez	vous ferez
ils, elles font	ils, elles faisaient	ils, elles feront

passé composé (sujet masculin ou féminin)

Hier…

j'ai fait	nous avons fait
tu as fait	vous avez fait
il, elle, on a fait	ils, elles ont fait

153 ★ **Complète par le verbe faire au présent.**

Ma chatte … le gros dos. • En vacances, nous … la vaisselle à tour de rôle. • Tu … semblant de dormir ? • Qu'est-ce que vous … ? • Elles nous … des signes de la main.

154 ★ **Complète par le verbe faire au passé composé.**

Ex. : Elle … cuire des brocolis. → Elle **a fait** cuire des brocolis.

Il … lui-même sa maison. • Nous lui … des reproches. • Est-ce que tu … tes devoirs ? • Je crois qu'elle … exprès de casser le verre. • Elles … les commissions de leur tante.

155 ★★ **Complète par le verbe faire à l'imparfait ou au futur.**

J'ai vu que tu … des grimaces. • Dans quelques années, il … un bon médecin. • Demain, nous … des gaufres. • Quand j'étais au camp, nous … notre lit. • Que … -vous plus tard ?

EN SAVOIR DAVANTAGE *Le verbe* faire *est l'un des sept verbes qu'on rencontre le plus souvent avec* avoir, être, dire, pouvoir, voir *et* aller.

F

Familles de mots

orthographe d'usage

Une famille de mots est formée des mots ayant un groupe de lettres qui a le même sens. Ex. : famille de *terre* : terrain, atterrir, enterrer...

Entre plusieurs écritures possibles, un mot de la même famille peut aider à comprendre la bonne orthographe.

aimer	è, ai ou ei ?	*aimer, amour, amoureux...* → ai avec un a
nouveau	o, au ou eau ?	*nouveau, nouvelle...* → eau avec un e
main	in, ain ou ein ?	*main, manuel, manette...* → ain avec un a

Certains mots se terminent par une lettre muette qui s'entend souvent dans d'autres mots de la même famille.

haut	chaud	gros
haute	chaude	une grosseur
la hauteur	chaudement	grossir

156 ★ **Écris chaque mot de gauche avec le mot de sa famille qui est dans le cadre de droite.**

Ex. : aimer → aimer et aimable.

aimer	un plateau
bercer	une perceuse
percer	aimable
un plat	une boiserie
le repos	un berceau
le bois	se reposer

157 ★ **Même consigne.**

un fruit	une banquette
le beurre	un ballon
une bête	un arbre fruitier
une balle	une bêtise
un banc	un beurrier

158 ★★ **Écris le verbe de la même famille qui correspond à ces noms.**

Ex. : un tricot → **tricoter**.

une bordure, le calcul, une punition, une cassure, une offre, un cri, une blessure, une fabrique, un regard, une exposition.

159 ★★ **Écris l'adjectif qui est dans la famille de chacun de ces verbes.**

Ex. : utiliser → **utile**.

élargir, rougir, brunir, calmer, éclairer, jaunir, noircir, pâlir, assombrir, s'enrichir.

160 ★★ **Quel adjectif de la même famille correspond à chaque groupe de mots ?**

Ex. : lourdement, la lourdeur, alourdir → **lourd**.

blanchir, la blancheur, une blanchisserie • la douceur, doucement, adoucir • la sagesse, sagement, s'assagir • ralentir, la lenteur, lentement • la longueur, allonger, longuement.

161 ★★★ **Groupe ces mots pour obtenir cinq familles.**

lundi, têtu, la ville, embrasser, un champ, jeudi, un village, samedi, les villageois, la tête, un brassard, un champignon, entêté, une brassée, mardi, champêtre.

162 ★★★ **Groupe ces verbes pour obtenir cinq familles.**

mettre, passer, promener, revenir, amener, apprendre, permettre, venir, dépasser, remettre, comprendre, repasser, prendre, mener, devenir.

163 ★★★ **Sur chaque ligne, un mot n'est pas de la famille des trois autres. Écris ce mot.**

Ex. : la route, une boule, une autoroute, un routier → **une boule**. (Les autres mots sont de la famille de *route*.)

des griffes, la grippe, griffer, une griffure.
le pouce, une pousse, pousser, une poussette.
une dent, un dentier, un dentiste, un danseur.
une lampe, un lampadaire, un champion, un lampion.
le souffle, un sifflet, souffler, une soufflerie.

EN SAVOIR DAVANTAGE *Les mots sont très anciens. Certains se sont parfois déformés au cours des siècles. Ainsi, dans la même famille, on trouve* jour, bonjour, toujours *et* journée, journal, journaliste. *Ces trois derniers mots ont* journ *en commun, et non* jour.

F

Féminin des adjectifs

accords

L'adjectif est un mot qui peut être masculin ou féminin suivant le nom auquel il se rapporte.
Ex. : un **joli** dessin (masculin) ; une **jolie** statue (féminin).

L'adjectif s'accorde avec le nom. Il est au masculin si le nom est masculin, il est au féminin si le nom est féminin.

un garçon brun	une fille brune
nom masculin, adjectif masculin	nom féminin, adjectif féminin

On marque souvent le féminin d'un adjectif en ajoutant un e à son masculin. Parfois, cela change la fin du mot.

joli	franc	heureux	beau
jolie	franche	heureuse	belle

Certains adjectifs ne changent pas, qu'ils soient au masculin ou au féminin.

masculin →	un torchon propre	un torchon jaune
féminin →	une serviette propre	une nappe jaune

164 ★ **Écris au masculin les adjectifs suivants.**

Ex. : jolie → **joli**.

petite, haute, bleue, noire, contente, forte, mauvaise, rouge, chaude, plate.

165 ★ **Écris au féminin les adjectifs suivants.**

Ex. : brun → **brune**.

clair, vert, jaune, seul, différent, dur, froid, lourd, droit, méchant.

166 ★ **Complète en accordant les adjectifs en *italique*.**

Ex. : un garçon très *franc* → une fille très **franche**.

un pantalon *blanc* trop *long*, une veste … trop … .
un homme *blond* et *gai*, une femme … et … .
un bébé *beau* et *souriant*, une fillette … et … .
un piquet *court* et *tordu*, une branche … et … .
un animal *calme*, mais *peureux*, une bête … mais … .

167 ★★ **Complète ces expressions avec l'adjectif en gras.**

Ex. : **curieux** → un chaton … , une chatte … .
→ un chaton **curieux**, une chatte **curieuse**.

joyeux → un air … , une chanson … .
haut → une tour très … , un mur très … .
léger → un sac … , une valise … .
sec → un haricot … , une figue … .
gros → une … dame, un … monsieur.

168 ★★ **Écris l'adjectif entre parenthèses au masculin ou au féminin.**

Demain la température sera (*doux*). • Elle a une intelligence (*vif*). • Adrien a souvent l'air (*triste*). • Posez les verres sur la table (*bas*). • C'est une (*bon*) nouvelle. • Elle lui a acheté une chemise (*neuf*). • Caroline est (*sûr*) de réussir. • C'est une eau minérale (*naturel*). • David a été très (*courageux*) chez le dentiste. • J'ai commencé ma lettre par : « Ma (*cher*) maman ».

169 ★★★ **Remplace chaque mot en *italique* par le mot du cadre qui a un sens proche, puis écris l'expression que tu obtiens.**

Ex. : un âne têtu → **une mule têtue**.

un *âne* têtu →	viande
un *arrosoir* plein d'eau	route
un *nouveau* chemin	personne
un rôti trop *cuit*	mule
un *gentil* gardien	ville
un *vieux* village	carafe

170 ★★★ **Parmi ces adjectifs, quels sont ceux qui s'écrivent de la même façon au masculin et au féminin ?**

sale, supérieur, absent, immense, creux, tranquille, moyen, difficile, utile, vilain, sombre, affreux, immobile, maigre, certain, faible, royal, affectueux, agréable, découragé.

EN SAVOIR DAVANTAGE *Quelques adjectifs ont deux masculins :* nouveau, nouvel ; beau, bel ; vieux, vieil... *On utilise* nouvel, bel, vieil *quand le mot suivant commence par une voyelle ou un* **h** *muet :* un nouvel appartement, un bel objet, un vieil homme.

F

Futur simple de l'indicatif

conjugaison

Un verbe est au futur quand il indique ce qui n'a pas encore eu lieu au moment où on parle, ce qui se passera plus tard.

Les terminaisons du futur sont les mêmes pour tous les verbes : je –rai, tu –ras, il –ra, nous –rons, vous –rez, ils –ront.

donner	finir	prendre
je donnerai	je finirai	je prendrai
tu donneras	tu finiras	tu prendras
il, elle, on donnera	il, elle, on finira	il, elle, on prendra
nous donnerons	nous finirons	nous prendrons
vous donnerez	vous finirez	vous prendrez
ils, elles donneront	ils, elles finiront	ils, elles prendront

Au futur, les verbes du 1er et du 2e groupe s'écrivent toujours avec l'infinitif entier.

Si un verbe en -er a une voyelle juste avant la terminaison er, il y a un e muet à toutes les personnes de la conjugaison.

jouer →	je jouerai	tu joueras	il, elle, on jouera
	nous jouerons	vous jouerez	ils, elles joueront

171 ★ **Relie chaque pronom à un verbe. Écris la phrase obtenue.**

Ex. : Il + dormira. → **Il dormira.**

Il	dormirai.	Vous	dormiras.
Je	dormirons.	Ils	dormiront.
Nous	dormira.	Tu	dormirez.

172 ★ **Complète par le verbe chanter au futur.**

Ex. : elle ... → elle **chantera**.

Demain, nous ... , tu ... , il ... , je ... , vous ... , elles ... , on ... , ils ... , ma sœur ... , les enfants ... .

173 ★ **Complète par le verbe partir au futur.**

Ex. : il ... → il **partira**.

Demain, je ... , tu ... , ils ... , nous ... , on ... , elles ... , elle ... , vous ... , le train ... , les bus ... .

174 ★ **Ajoute un pronom personnel à chaque verbe.**

Ex. : ... écoutera → **elle** (ou **il**, ou **on**) **écoutera**.

Le mois prochain, ... arriverez, ... passeras, ... joueront, ... prendra, ... gagnerai, ... servirons, ... porteras, ... répondront, ... finira, ... lirai.

175 ★★ **Complète au futur de l'indicatif.**

Ex. : Demain, on emport... la caméra. → Demain, on empor**tera** la caméra.

Tout à l'heure, vous dormi... dans le bateau. • L'an prochain, il pêch... dans le lac. • Demain, nous arrach... les mauvaises herbes. • Est-ce que tu m'écri... quand je serai loin ? • Nous cherch... partout et nous fini... par retrouver ton collier. • Le pot-au-feu cui... doucement pendant notre absence. • Nous passe... bientôt près de chez lui. • Après le repas, elle vous montr... sa collection de cartes. • Levez-vous quand il entr... .

176 ★★ **Parmi ces verbes, quels sont ceux qui sont au futur ?**

Ex. : on souriait, il parlera, nous avançons → **il parlera**.

il brillera, nous attachons, tu réfléchissais, je ramasserai, elle enferma, on réparera, vous apercevez, elles choisiront, ils conduisaient, vous guérirez.

177 ★★★ **Écris les verbes entre parenthèses au futur. Attention aux lettres muettes.**

Ex. : Les voisins (*arroser*) les plantes pendant les vacances.
→ Les voisins **arroseront** les plantes pendant les vacances.

Dans un mois, toute la famille (*venir*) au mariage. • Ce soir, on les (*remercier*) pour ce qu'ils ont fait. • Vous (*comprendre*) en les voyant. • Il (*se salir*) sûrement en changeant la roue de la voiture. • Elle (*étudier*) la médecine. • Je (*présenter*) ton mouton au concours agricole. • À l'avenir, ils ne (*continuer*) pas tout seuls. • Quand tu auras fini, tu (*choisir*) un cadeau. • Ils (*travailler*) tout l'été pour payer leurs études. • Tout à l'heure, nous l'(*empêcher*) d'entrer.

EN SAVOIR DAVANTAGE *Au futur, les verbes* voir, pouvoir, courir, mourir, envoyer *s'écrivent avec* ***deux r*** *:* je verrai, je pourrai, je courrai, je mourrai, j'enverrai.

G

g ou ge
dans les mots

orthographe d'usage

La lettre g peut se prononcer de deux façons différentes suivant la voyelle qui suit. Ex. : une girafe, une gare.

g suivi d'un e ou d'un i correspond toujours au son « j ».

une girafe	une page	les gens
gi	ge	ge

Quand la lettre g est suivie d'un a, d'un o ou d'un u, on utilise ge pour avoir le son « j ». On écrit alors gea, geo, geu.

un dirigeable	la rougeole	un pigeon
gea	geo	geo

178 ★ **Écris ensemble les deux mots de la même famille et souligne celui qui a ge avant un a ou un o.**

Ex. : rougir et la rougeole.

une orange, manger, un plongeur, nager, de l'orangeade, une nageoire, une bougie, un plongeon, immangeable, un bougeoir.

179 ★ **Complète ces expressions par ge ou par gi.**

une baguette ma...que, un mal de gor..., élar...r une route, dire un menson..., un paquet fra...le, des auber...nes, une épon... naturelle, une fille éner...que, la ti... d'une fleur, une ...fle.

180 ★★ **Complète ces phrases par g ou ge.**

On a acheté un ca...ot de cerises. • Elle était très élé...ante. • Paul n'a pas voulu sauter du plon...oir. • Les escar...ots aiment la pluie. • Elle donnait à manger aux pi...ons. • Ils sont montés dans le premier wa...on. • On voyait déjà les bour...ons sur les branches. • J'ai mis des graines dans la man...oire du perroquet. • Il conduit un four...on blindé. • Son rôti n'était pas man...able.

EN SAVOIR DAVANTAGE *Le groupe de lettres* gy *se prononce comme* gi : la gymnastique, un gyrophare.

g ou ge à l'imparfait

conjugaison

G

Pour certains verbes, la terminaison peut obliger à changer l'orthographe du verbe conjugué.

Quand la terminaison de l'imparfait commence par un a, les verbes terminés par –ger s'écrivent avec ge.

bouger :	je bougeais	nous bougions
	tu bougeais	vous bougiez
	il, elle, on bougeait	ils, elles bougeaient

181 ★★ **Complète par g ou par ge.**

Ex. : nager → je nag...ais, nous nag...ions. → je nageais, nous nagions.

bouger → il bou…ait, vous bou…iez.
changer → je chan…ais, elles chan…aient.
ranger → tu ran…ais, vous ran…iez.
plonger → elle plon…ait, nous plon…ions.
juger → on ju…ait, ils ju…aient.

182 ★★ **Écris les verbes entre parenthèses à l'imparfait de l'indicatif.**

Autrefois…

Elle (*loger*) dans l'école.
Vous (*prolonger*) la partie.
Tu (*déranger*) ton frère.
Les rats (*ronger*) les livres.
Vous (*décharger*) le camion.

Elle l'(*obliger*) à se taire.
J'(*encourager*) les coureurs.
Nous (*protéger*) les meubles.
Il (*corriger*) mes exercices.
Je (*partager*) mon goûter avec lui.

183 ★★★ **Choisis un verbe pour chaque phrase. Écris-le à l'imparfait.**

charger, mélanger, voyager, neiger, manger.

Mes sœurs ne … jamais la peau du poulet. • Il … les cartes à jouer. • Ce soir-là, il … à gros flocons. • Nous … toujours avec le chien. • Je … Nadia de prévenir les voisins.

EN SAVOIR DAVANTAGE *Une autre difficulté de l'imparfait est celle des verbes terminés par* **-yer**, *comme* payer, nettoyer *ou* essuyer *: ils s'écrivent avec* **yi** *quand ils sont conjugués avec* nous *et* vous *parce que la terminaison commence par un* **i** *:* nous pay**ions**, vous nettoy**iez**, vous essuy**iez**.

g ou gu dans les mots

orthographe d'usage

La lettre **g** se prononce de deux façons différentes selon la voyelle qui suit. Elle est parfois remplacée par **gu**.

La lettre g avant a, o, u correspond au son « g » de gare.

la gare	une gomme	la figure
ga	go	gu

Avant e et i, on écrit gu pour garder le son « g ».

la langue	guérir	le guide
gue	gué	gui

184 ★ **Écris ces mots en deux groupes : ceux avec g et ceux avec gu.**

un garçon, une baguette, le goûter, une langouste, une bague, un garde, une guêpe, un regard, une guitare, un dragon.

185 ★ **Complète ces expressions par g ou gu.**

Ex. : le ...idon du vélo → le **gui**don du vélo.

une grosse va...e
un lin...ot d'or
un verbe conju...é
un rat d'é...out.

un pays en ...erre
une ca...oule en laine
un brin de mu...et

un cheval fou...eux
une ...outte d'eau
arroser le ...azon

186 ★★ **Complète ces phrases par g ou gu.**

Ex. : L'avion fut tiré dans un han...ar. → L'avion fut tiré dans un han**g**ar.

Les ré...ates sont des courses de bateaux. • Julie s'est dé...isée en marquise. • La vir...ule est un signe de ponctuation. • On ...ette son arrivée. • J'aime beaucoup les nou...ats. • Ce morceau de bois est ru...eux. • Un ...ide nous a fait visiter le château. • Mamie a préparé un gi...ot d'agneau. • Ce tuyau d'arrosage a trente mètres de lon...eur. • Il monta ses ba...ages dans le train.

EN SAVOIR DAVANTAGE *Le son « g » s'écrit toujours* **g** *ou* **gu**, *sauf dans quelques mots où il s'écrit avec la lettre* **c** : le zinc, le second, une seconde.

h muet ou h aspiré

orthographe d'usage

H

La lettre h ne représente aucun son, sauf si elle suit un c et un p (ch, ph).

Avec certains mots commençant par un h, on ne fait pas de liaison. On dit que le h est aspiré.

un hibou des hiboux	une hutte des huttes	un héros des héros

Quand on fait la liaison avec un mot qui commence par un h, on dit que le h est muet.

un homme no	des histoires zi	un grand hôtel to

Remarque : la liaison avec la lettre d se prononce « t ».

187 ★ **Parmi ces mots, cinq doivent commencer par la lettre h. Écris-les.**

Ex. : un ...arbre, un ...ôtel → un hôtel.

une ...istoire, une ...image, un ...iver, une ...épingle, une ...usine, un ...ibou, un ...omme, une ...armoire, une ...eure, un ...ours.

188 ★★ **Copie en soulignant les liaisons que l'on doit faire.**

Ex. : des histoires drôles → des histoires drôles.

les deux horloges de la gare, des huiles de moteur, des hachures bleues, des hélices d'avion, des hottes de cuisine, les deux hanches, les héros de cinéma, les horaires des trains, des hangars à bateaux, trois heures et demie.

189 ★★★ **Ajoute le, la ou l' suivant que le h est aspiré ou muet.**

Ex. : hibou, homme → **le** hibou, **l'**homme.

hache, habitude, hérisson, hirondelle, habitant, harpe, hôtel de ville, hauteur, herbe, hoquet.

EN SAVOIR DAVANTAGE *À l'intérieur des mots, la lettre* h *sert à séparer des voyelles. Ainsi, on lit bien* trahir *grâce au* h. *Sans lui, on lirait* trair *(comme le verbe* traire*).*

H

Homonymes

orthographe d'usage

Les homonymes sont des mots qui se prononcent de la même façon, mais qui ont des sens différents et des orthographes différentes.

► **Un mot de la même famille aide souvent à comprendre et à retenir l'orthographe d'un homonyme.**

le lait une laiterie	il est laid elle est laide	la fin finir	la faim la famine

► **Principaux homonymes :**

la boue (boueux)
le bout (du doigt)

une cane (un canard)
une canne (à pêche)

une chaîne (de vélo)
un chêne (l'arbre)

un chant (chanter)
un champ (champêtre)

mon cher
ma chère
c'est cher (chèrement)
la chair (carnivore)

le col (un collier)
la colle (coller)

un conte (raconter)
un compte (comptable)
le comte (la comtesse)

le cou (le col)
un coup (de poing)
le coût (coûter)

court (courte)
une cour (de récréation)
un cours (course)
le court (de tennis)

l'encre (pour écrire)
l'ancre (des bateaux)

une fois (parfois)
le foie (d'oie)
la foi (croyance)

le mal (≠ le bien)
une malle (mallette)
le mâle (≠ la femelle)

la mère (et le père)
la mer (l'océan)
le maire (la mairie)

un mur (la muraille)
mûr (mûrir)

non (oui et non)
le nom (nommer)

le père (et la mère)
une paire (par deux)
pair (≠ impair)

un point (une pointe)
le poing (une poignée)

un petit pois
le poids (peser)

le pot (poterie)
la peau (des pellicules)

un porc (porcherie)
un port (portuaire)
un pore (poreux)

la reine (le roi)
les rênes (les brides)
un renne (un animal)

le sang (sanguin)
cent (une centaine)
sans (pas de)

une scie (scier)
six francs (sixième)
si (tellement)

un signe (un signal)
un cygne (un oiseau)

un sot (une sottise)
un saut (sauter)
un seau (d'eau)

le temps (longtemps)
un taon (un insecte)
tant (autant)

vert (verte)
un ver (véreux)
un verre (d'eau)
vers (traverser)
un vers (versifier)

190 ★ **Page 60, cherche le mot qui explique l'orthographe de chacun de ces homonymes.**

Ex. : une cane → un canard.

vert, un sot, la boue, le lait, cent, un chant, le nom, un pot, la fin, une scie.

191 ★★ **Complète par des homonymes de la page 60, en t'aidant de ce qui est en *italique*.**

Ex. : *La muraille* → Il est passé par-dessus le … du jardin.
→ Il est passé par-dessus le **mur** du jardin.

Il saute → Il est champion de … en hauteur.
Il se nomme Yann → Yann est un … breton.
La sixième chaise → Il y a … chaises autour de la table.
La route la plus courte → J'ai pris le plus … chemin.
Une histoire qu'on raconte → Le Chat botté est un … célèbre.

192 ★★ **Même consigne.**

Elle traverse des rues → Elle se dirige … le centre de la ville.
Une poignée → Il lui a donné un coup de … .
Le groupe sanguin → Le blessé a perdu beaucoup de … .
Un endroit champêtre → Elle a photographié un … de blé.
La mairie → Le … les a mariés à onze heures.

193 ★★★ **Complète par un des mots proposés entre parenthèses.**

Ex. : Ce chien est très … (*lait, laid*). → Ce chien est très **laid**.

Un voilier est entré au … (*port, porc, pore*). • Elle a mis ses vieux vêtements dans une … (*mal, malle, mâle*). • Ce fruit n'est pas … (*mur, mûr*). • On a mangé des petits … (*pois, poids*). • Il a été piqué par un … (*temps, taon, tant*). • L'écureuil grimpe dans le … (*chaîne, chêne*). • Il y a un … (*signe, cygne*) sur le bassin. • Le bateau a jeté l' … (*encre, ancre*). • On a mangé du … (*fois, foie, foi*) de veau. • C'est beaucoup trop … (*cher, chère, chair*).

EN SAVOIR DAVANTAGE *Quand on lit, on reconnaît plus vite le sens des phrases si les homonymes ont des orthographes différentes :*
– Il a acheté des vers (→ *le pêcheur, des vers de terre*).
– Il a acheté des verres (→ *le client, des verres en cristal*).

I

ie, ue
à la fin des noms féminins

orthographe d'usage

Beaucoup de noms féminins se terminent par –**ie** et –**ue**.

► **Les noms féminins terminés par le son « i » s'écrivent –ie.**

la poésie	la pluie	une bougie
ie	ie	ie

Exceptions : la nuit, une fourmi, une souris, une perdrix, une brebis.

► **Les noms féminins terminés par le son « u » s'écrivent –ue.**

la rue	une tortue	une grue
ue	ue	ue

Exceptions : une tribu, la vertu, la glu, une bru *(= belle-fille).*

194 ★ **Complète ces mots par ie ou par ue.**

une tort…, une boucher…, lire une rev…, une part… de cartes, une stat…, une écur…, une loter…, une étend…, manger de la mor…, la sort… de secours.

195 ★★ **Trouve les noms correspondant à ces définitions. Ils se terminent tous par le son « i ».**

Ex. : Oiseau noir et blanc à grande queue. → **une pie.**

Elle est chassée par les chats. • On y achète des bijoux. • On y vend des livres. • Magasin où l'on achète le pain. • Endroit où les Français se marient.

196 ★★★ **Ces mots se terminent par les sons « i » ou « u ». Complète-les.**

Ex. : Le chasseur a tué une perdr… . → Le chasseur a tué une perd**rix**.

une fourm… rouge, allumer une boug…, une trib… nomade, du fromage de breb…, une verr… sur la main, la cr… d'un fleuve, une nu… noire, une voie sans iss…, une étourder…, une entrev… .

EN SAVOIR DAVANTAGE *Trois noms se terminent par* **ie** *et ne sont pas du genre féminin :* un incendie, un génie, *et* le bain-marie, *bien connu des cuisiniers. Ce dernier mot s'écrit avec un* **e** *parce qu'il contient le nom* Marie.

ien, ian, ion, ein, ain, oin
dans les mots

orthographe d'usage

Les trois lettres qui composent **ien** et **ein**, **ian** et **ain**, **ion** et **oin** représentent un seul son (ein, ain) ou deux sons (ien, ian, ion, oin).

► **Dans ien, ian, ion, la lettre i se fait entendre quand on lit.**

un chien i.en	la viande i.an	un lion i.on

► **ein et ain se prononcent comme in. Dans oin, on entend aussi le son « in ».**

plein ein	la main ain	le coin o.in

197 ★ **Complète ces phrases par ien ou par ein.**

Ce ch… est un bon gard… . • On va rep…dre la cuisine. • Comb… en veux-tu ? • Il faut faire le pl… d'essence et vérifier les fr…s. • Ce retraité est un anc… chirurg… . • On l'a opéré d'une maladie des r…s. Maintenant, il va b… .

198 ★ **Complète ces phrases par ion ou par oin.**

Ils viennent en av… car ils habitent très l… . • Son père conduit un cam… . • L'été, à la campagne, on fait les f…s. • Je sais faire toutes les opérat…s, même les divis…s. • Pour réparer la chaise, il a bes… de p…tes et d'un marteau. • Kevin est m…s grand que Gérard. • Fais attent… !

199 ★★ **Complète par ion, ien, ian ou ain.**

le lendem… matin, un pharmac…, une table pl…te, une réun… de famille, un music… de l'orchestre, un électric…, de la v…de de bœuf, la respirat…, une tranche de p…, une serviette de b… .

EN SAVOIR DAVANTAGE *Dans certains mots, le groupe de lettres* **ien** *est suivi d'un* **t** et se *prononce « ian » :* un client, il est patient, le quotient, un inconvénient.

Imparfait de l'indicatif

conjugaison

Un verbe est à l'imparfait quand il indique ce qui s'est passé il y a longtemps, ce qui a duré ou ce qui s'est répété.
Ex. : L'année dernière, il regardait la télévision tous les soirs.

Les terminaisons de l'imparfait de l'indicatif sont les mêmes pour tous les verbes :

je –ais, tu –ais, il –ait, nous –ions, vous –iez, ils –aient.

Autrefois, souvent…	**parler**	**finir**	**lire**
	je parlais	je finissais	je lisais
	tu parlais	tu finissais	tu lisais
	il, elle, on parlait	il, elle, on finissait	il, elle, on lisait
	nous parlions	nous finissions	nous lisions
	vous parliez	vous finissiez	vous lisiez
	ils parlaient	ils finissaient	ils lisaient

200 ★ **Relie chaque pronom au bon verbe. Écris la phrase obtenue.**

Ex. : Je + parlais. → Je parlais.

Je	parlions.	Ils	lisiez.
Elle	parlais.	Tu	lisaient.
Nous	parlait.	Vous	lisais.

201 ★ **Ajoute un pronom personnel à chaque verbe.**

Ex. : … finissiez → **vous** finissiez.

… rêvait	… conduisait	… chantiez	… sautais
… oubliais	… choisissiez	… pleurait	… riaient
… grimpions	… se dépêchaient		

202 ★ **Relie chaque pronom au bon verbe. Écris la phrase obtenue.**

Il	regardiez.	Nous	dormais.
Vous	dansais.	Ils	écrivions.
Je	écoutait.	Tu	jouaient.

203 ★★ **Complète ces verbes à l'imparfait.**

Ex. : partir → je part…, elle part… tard → Je part**ais**, elle part**ait** tard.

se cacher → Je me cach…, elle se cach… dans les bois.

venir → Tu ven…, vous ven… le vendredi soir.
acheter → On achet…, ils achet… des fruits.
prendre → Il pren…, nous pren… un livre.
jaunir → Elle jaun…, elles jaun… en automne.

204 ★★ Complète par l'imparfait de l'indicatif.

Souvent, l'an passé…

Je répond… au téléphone.
Elle perd… ses affaires.
On sort… dans la cour.
Vous cour… sur le stade.
Ils visit… les musées.
Tu dessin… ta maison.
Il pleuv… le matin.
Ils gagn… les matches.
On se lev… à l'aube.
Nous buv… du soda à la cerise.

205 ★★★ Complète les verbes à l'imparfait de l'indicatif.

Ex. : Tous les soirs, elle lis… un peu. → Tous les soirs, elle **lisait** un peu.

Autrefois, le train s'arrêt… à toutes les gares. • À l'époque, ils construis… des maisons. • Quand elle était en pension, elle écriv… à sa mère. • Quand on était bébé, on cri… beaucoup. • À cette époque, les gens viv… difficilement. • L'an passé, vous pren… le bus de sept heures ? • À table, nous nous serv… après les grands. • L'été dernier, à la montagne, l'orage grond… chaque soir. • Je crois que tu quitt… ton travail à cinq heures, au début. • Le samedi, les jeunes se retrouv… sur la place du village.

206 ★★★ Écris les verbes en *italique* à l'imparfait de l'indicatif.

Ex. : Autrefois, grand-père (*vivre*) à la campagne. → grand-père **vivait**.

Autrefois, grand-père (*vivre*) à la campagne. Il (*ramasser*) du bois pour se chauffer. Le soir, il (*garnir*) la cheminée et (*allumer*) le feu. Il raconte : « Ensuite, je (*remonter*) la grosse horloge. Nous (*aimer*) son tic-tac. Les soirs d'hiver, nous l'(*écouter*), assis au coin du feu où nous (*se réchauffer*). Tandis que je (*caresser*) le chat, Lisette (*raconter*) sa jeunesse. À cette époque, les voitures (*exister*) à peine. »

EN SAVOIR DAVANTAGE *Quand on dit :* « Je **venais** vous demander un conseil… », *on utilise l'imparfait. Mais cela ne veut pas dire qu'on est venu il y a longtemps. C'est une façon de dire poliment :* « J'ai besoin d'un conseil. »

I

Impératif présent (1)
verbes réguliers

conjugaison

L'impératif se conjugue sans les pronoms personnels : écoutez, viens.

► **L'impératif présent a trois personnes qui correspondent à tu, nous et vous, mais on ne les dit jamais.**
Les terminaisons des verbes en –er sont : –e, –ons, –ez.

regarder →	regarde	**écouter** →	écoute
	regardons		écoutons
	regardez		écoutez

► **Les terminaisons des autres verbes sont : –s ou ds, –ons, –ez.**
Ce sont les mêmes terminaisons qu'au présent de l'indicatif.

finir →	finis	**partir** →	pars	**prendre** →	prends
	finissons		partons		prenons
	finissez		partez		prenez

207 ★★ **Souligne les verbes conjugués à l'impératif.**

Jean, je te parle : écoute-moi. Avant de sortir, ramasse tes jouets et range-les. Tes copains et toi, est-ce que vous reviendrez à pied ? Pensez à acheter du pain. Et regardez bien avant de traverser !

208 ★★ **Écris les verbes à la 2e personne du singulier de l'impératif.**

Ex. : *Parler* plus bas. → **Parle** plus bas !

Changer de tricot. • *Écrire* au crayon. • *Avancer* lentement. • *Dormir* sur le canapé. • *Croire* un ami. • *Venir* ici. • *Parler* fort. • Ne pas *rougir*. • *Apprendre* la leçon. • *Rester* assis.

209 ★★★ **Écris ces phrases en mettant les verbes à la 2e pers. du sing.**

Entrez sans frapper. • Courez plus vite ! • Attendez-moi. • Restez tranquilles ! • Remplissez les verres. • Suivez le guide. • Travaillez et lisez davantage. • Défendez-vous. • Téléphonez plus souvent.

EN SAVOIR DAVANTAGE *À l'impératif présent, tous les verbes qui se terminent par le son « e » à la 2e personne du singulier s'écrivent comme les verbes terminés par* –er : offrir → offre, ouvrir → ouvre, cueillir → cueille.

Impératif présent (2)
verbes irréguliers

L'impératif sert à donner des ordres ou des conseils.
Ex. : Fais tes devoirs, sois gentil.

Les verbes avoir, être, faire, aller, dire et savoir sont irréguliers à l'impératif.

avoir	être	faire	aller	dire	savoir
aie	sois	fais	va	dis	sache
ayons	soyons	faisons	allons	disons	sachons
ayez	soyez	faites	allez	dites	sachez

210 ★★ **Lis la règle et les verbes ci-dessus, puis réponds.**

1. À quoi sert l'impératif ?
2. Combien y a-t-il de personnes à l'impératif ?
3. Quels verbes se terminent par **e** à la 2e personne du singulier ?
4. Quels verbes se terminent par **es** à la 2e personne du pluriel ?
5. Quels sont les verbes qui ont un **y** ?

211 ★★ **Donne des ordres ou des conseils à Pierre.**

Ex. : être raisonnable → Pierre, **sois** raisonnable !

Pierre… aller à la cuisine, avoir un peu de patience, dire la vérité, faire le ménage, être sage.

212 ★★★ **Écris ces phrases en mettant à l'impératif les verbes entre parenthèses.**

Ex. : Justine, ne pas (*être*) triste ! → Justine, ne **sois** pas triste !

Justine, tu es courageuse : ne pas (*avoir*) peur et (*aller*) à la cave chercher les outils.
Nicolas, tu es gentil : (*être*) franc et (*dire*) ce que tu sais.
Les enfants, (*être*) calmes et (*faire*) la paix. (*Dire*)-vous pardon et (*aller*) jouer. (*Savoir*) être raisonnables. (*Avoir*) confiance.

EN SAVOIR DAVANTAGE *On écrit* « Va à l'école ! », *mais* « Vas-y ! » *avec un* s. *Dans* vas-y, *le verbe* aller *est bien à l'impératif, mais le* s *n'est pas une terminaison. On l'ajoute simplement pour marquer la prononciation* « vazi ».

Infinitif des verbes

conjugaison

L'infinitif est la forme non conjuguée du verbe. Tous les verbes ont un infinitif. Ex. : il aime → aimer ; il finit → finir.

Dans une phrase, l'infinitif indique une action. On le reconnaît en posant la question « quoi faire ? » avant le verbe.

Elle veut acheter un vélo. Elle veut… ***quoi faire ?*** achet**er** un vélo. **infinitif**	Elle va choisir le plus beau. Elle va… ***quoi faire ?*** chois**ir** le plus beau. **infinitif**

On peut classer les verbes en trois groupes suivant leur infinitif.

1er groupe	**2e groupe**	**3e groupe**
parler, chanter et tous les verbes terminés par -er (sauf *aller*).	finir (je finissais) et tous les verbes terminés par -ir avec le son « iss » à l'imparfait.	sortir, voir, boire, prendre et tous les autres verbes terminés par -ir, -oir, -re, -dre.

213 ★ **Complète les infinitifs, puis écris les expressions obtenues.**

Ex. : parl… à voix basse → **parler** à voix basse.

gagn… un pari, all… à l'école, per… du temps, li… un roman, voul… un jouet, aval… un cachet, aim… le chocolat, tomb… de l'échelle, dorm… sur le dos, b… du lait.

214 ★★ **Écris l'infinitif des verbes en *italique*.**

Ex. : Il *a regardé* un film à la télévision. → **regarder**.

Nathalie *prend* son bain. • On *fera* la sieste. • Cet enfant *parle* trop doucement. • Le champion *court*, *saute* et *plonge*. • Les chiens *suivent* leur maître. • Nous le *croyons* toujours. • Je lui *rendais* sa revue. • Mon frère *finit* le gâteau de riz.

215 ★★★ **Dans cette liste, relève les dix verbes du 3e groupe.**

marquer, copier, sortir, nager, blanchir, voir, visiter, réunir, dire, porter, comprendre, bavarder, vivre, grossir, revenir, murmurer, pâlir, vendre, danser, juger, défendre, dépenser, cuire, finir, tordre.

EN SAVOIR DAVANTAGE *On dit que les verbes du 3e groupe sont des verbes « irréguliers » parce qu'ils ne se conjuguent pas tous de la même façon.*

Interrogation

grammaire

Si on pose une question, le ton de la phrase n'est pas le même que si on affirme quelque chose. L'ordre des mots peut aussi changer.

Une question se termine par un point d'interrogation. Dans une question, l'ordre des mots peut être modifié, et des mots ou des signes peuvent être ajoutés.

Marie trouvera.	Est-ce que Luc trouvera ?	Paul trouvera-t-il aussi ?
déclaration	interrogation	interrogation

Dans certaines phrases, le sujet est après le verbe. Pour ne pas faire d'erreurs d'orthographe, il faut retrouver la déclaration qui correspond à la question.

Fait-il très froid ?	A-t-elle mis un gros pull ?	Est-il assez habillé ?
il fait très froid	**elle a** mis un gros pull	**il est** assez habillé

216 ★ **Copie en ajoutant les majuscules et les points d'interrogation.**

Ex. : où es-tu allé → **O**ù es-tu allé **?**

as-tu pris ton goûter • irez-vous au cirque • fait-il beau à Londres • mettrons-nous un masque • chantent-elles juste •

217 ★★ **Écris la phrase déclarative qui correspond à chaque question.**

Ex. : As-tu retrouvé tes clés ? → Tu as retrouvé tes clés.

As-tu répondu à sa lettre ?
Aura-t-on un billet gratuit ?
Aimes-tu les brocolis ?
Avons-nous pensé à tout ?
Voulez-vous venir à la maison ?

218 ★★★ **Transforme ces phrases en phrases interrogatives.**

On a enlevé les rideaux. • Il s'est occupé de tout. • Elle a perdu son collier à l'école. • Vous inscrivez vos enfants. • Elle aura le temps de finir. • Ils vont la construire. • Ces chaussures te vont bien. • On devra sonner. • Ce chien mord. • Le chauffeur a freiné à temps.

EN SAVOIR DAVANTAGE *Voici une phrase qui déclare quelque chose :* Alfred joue de la guitare. *Si on la prononce en montant le ton de la voix sur la dernière syllabe, on obtient une interrogation :* Alfred joue de la guitare ?

L

la, l'a, là

homophones grammaticaux

La, **l'a** et **là** se prononcent de la même façon, mais ont des sens très différents.

Avant un nom, la est un article, féminin de le.

J'ai vu le chat. masculin singulier	J'ai vu la souris. féminin singulier

Avant un verbe, la est un pronom. Dans l'a, il y a deux mots : l' qui remplace un groupe du nom et a qui est le verbe avoir.

Le chat la voit. le chat voit **la souris**	Le chat l'a attrapée. le chat **a** attrapé **la souris**

Le mot là indique un lieu.

Viens ici, viens là. On habite là-bas. Regarde là-haut.

219 ★★ **Remplace le groupe du nom en *italique* par le pronom la.**

Ex. : Le chat lèche *la crème*. → Le chat **la** lèche.

Bruno récite *la poésie*. • Carole vend *sa voiture*. • Le chien donne *la patte*. • Marion réclame *sa mère*. • Noémie ferme *la porte* à clé.

220 ★★ **Remplace le groupe du nom en *italique* pour obtenir l'a.**

Ex. : Le chien a mangé *le gâteau*. → Le chien **l'a** mangé.

Le promeneur a emporté *son goûter*. • Le voyage a fatigué *Papy*. • Ma grande sœur a lu *ce livre* trois fois ! • On a fait réparer *le vieux store*. • Benjamin a retrouvé *son cartable*.

221 ★★★ **Complète ces phrases par la, l'a ou là.**

Un pied du lit bougeait, papa … réparé. • Le singe … épluchée avant de … manger. • De …, on aperçoit la mer. • Mon frère … déchiré. • Nous … rendrons au voisin. • C'est quelqu'un qui … perdu. • Que vient-il faire … ? • Ce camion, on … conduit pendant dix ans. • Cette bâche, on … met en cas de pluie.

EN SAVOIR DAVANTAGE *Un autre mot se prononce « la » : c'est l'adjectif* las, *masculin de* lasse. Il est las *signifie :* il est fatigué.

Lettres muettes

Certaines lettres ne se prononcent pas. On dit qu'elles sont muettes. Beaucoup d'entre elles sont à la fin des mots.

La lettre muette qui termine un mot masculin s'entend au féminin pour les mots qui ont un masculin et un féminin.

Il est fort.	Il est grand.	Il est heureux.	Il est gros.
elle est forte	elle est grande	elle est heureuse	elle est grosse

Une lettre muette à la fin d'un mot s'entend souvent dans un mot de la même famille.

un pot	le galop	le bord	un tas
une poterie	galoper	la bordure	entasser

222 ★ **Écris ces adjectifs au masculin. Ils ont tous une lettre muette.**

Ex. : Elle est forte. → Il est fort.

Elle est grande, blanche, verte, haute, froide, longue, grise, grosse, parfaite, étroite.

223 ★ **Ajoute la lettre muette qui manque à chaque nom. Aide-toi du mot de la même famille.**

Ex. : une poterie : un po... → une poterie : un pot.

la toiture : le toi...
un chanteur : un chan...
une galopade : le galo...
une chatte : un cha...
un campeur : un cam...

la montagne : un mon...
la literie : un li...
une marchandise : un marchan...
un dentiste : une den...
un éventail : le ven...

224 ★★ **Complète ces mots par t ou d.**

Ex. : une nui... étoilée → une nuit étoilée.

se mettre en ron...
un sau... de puce
un ra... d'égout
le nor... et le sud
un devoir parfai...

un regar... malin
un biscui... au beurre
le bor... de la table
un trico... en laine
un frui... bien mûr

225 ★★ **Complète ces expressions par eux ou par euse.**

Ex. : un enfant heur... → un enfant heur**eux**.

un ciel nuag...	une foule nombr...	un fromage crém...
une pluie orag...	un élève soign...	une cuisine lumin...
une femme fril...	une galette délici...	un animal paress...
un animal peur...		

226 ★★ **Complète ces expressions par la lettre muette qui convient.**

Ex. : le débu... du spectacle → le débu**t** du spectacle.

un mauvai... film, un renar... argenté, boire du lai..., ajouter un poin..., passer un pon..., un jouet en boi..., faire du spor..., un bon clien..., gagner le gros lo..., un sac à do... .

227 ★★★ **Quels noms terminés par une lettre muette correspondent à ces verbes ?**

Ex. : galoper → un **galop**.

serpenter	camper	entasser	éclater	poignarder
bavarder	retarder	bondir	chanter	marchander

228 ★★★ **Trouve l'adjectif qui correspond à chacun de ces verbes.**

Ex. : présenter → être **présent**.

aplatir	blanchir	arrondir	contenter	alourdir
lasser	ralentir	épaissir	enlaidir	plaisanter

229 ★★★ **Écris ces expressions au masculin.**

Ex. : une histoire merveilleuse, un conte merveill... → un conte **merveilleux**.

une robe coûteuse, un pull ...	une idée généreuse, un projet ...
une réponse fausse, un mot ...	une femme jalouse, un homme ...
une tête affreuse, un visage ...	une fille amoureuse, un garçon ...
une fille rousse, un garçon ...	une parole douce, un regard ...
une nuit brumeuse, un jour ...	une assiette creuse, un plat ...

EN SAVOIR DAVANTAGE *Il peut y avoir une lettre muette à l'intérieur d'un mot* (compteur) *ou même deux lettres muettes à la fin d'un mot* (doigt). *Parfois, la lettre muette est une voyelle* (main). *On voit ces lettres muettes dans des mots de la même famille* (compter, comptable, digital, manuel).

leur ou leurs

homophones grammaticaux

Avant un nom, **leur** est un déterminant, comme *un* ou *une*. Avant un verbe, **leur** est un pronom.

Avant le verbe, leur désigne plusieurs personnes ou plusieurs animaux. C'est le pluriel de lui.

Je lui donne un livre.	Je leur donne un livre.
verbe	verbe
je donne **à une personne**	je donne **à plusieurs personnes** (= à eux)

Dans le groupe du nom, leur s'accorde avec le nom. Quand le nom est au pluriel, on écrit leurs.

Leur enfant est au collège.	Leurs enfants sont grands.
un enfant	**des** enfant**s**
nom	nom

230 ★ **Écris leur ou leurs avant chaque nom.**

Ex. : … cartes, … maison → **leurs** cartes, **leur** maison.

… chat	… enfants	… parents	… voisins	… médecin
… chiens	… fille	… amis	… tante	… voitures

231 ★ **Remplace un, une ou des par leur ou leurs.**

Ex. : des images → **leurs** images.

des meubles, des livres, une école, un ballon, une chambre, des jouets, une caméra, des clés, une montre, des valises.

232 ★★ **Remplace tous les déterminants par leur ou leurs.**

Ex. : notre chien de chasse → **leur** chien de chasse.

son poisson rouge	tes yeux noirs	mes vélos de course
sa voiture neuve	ta lampe de chevet	ses assiettes blanches
vos cheveux blonds	tes vacances d'été	ton écran d'ordinateur
votre manteau gris		

233 ★★ **Remplace lui par leur dans les phrases suivantes.**

Ex. : Elle lui apprend une chanson. → Elle **leur** apprend une chanson.

Le chien lui a fait peur. • On lui a donné des livres. • Les policiers lui ont passé les menottes. • Tu lui dois de l'argent. • Vous lui demanderez le chemin. • Je lui ai apporté le journal. • Elle lui a lancé la balle. • Nous lui avons lu une histoire. • Elles lui ont répondu par retour du courrier. • Le médecin lui a caché la vérité.

234 ★★ **Complète ces phrases par leur ou par leurs.**

Ex. : On … a dit de rester assis. → On **leur** a dit de rester assis.

Je … ai écrit une lettre. • Ils sont très fiers de … jumeaux. • Ils vendaient tous … légumes au marché. • Les filles … chantent une chanson. • Voici … vêtements neufs. • Le chat … a sauté dessus. • Ils ont fermé … magasin vers sept heures. • As-tu déjà visité … bureaux ? • Maman … a préparé du café. • C'est … couleur préférée.

235 ★★★ **Même consigne.**

Étienne soignait … dents depuis qu'ils étaient tout petits : il était … dentiste, comme il avait été celui de … parents. • Il … arrive de chanter en travaillant. • Est-ce que tu … as rendu … cahiers ? • Les grandes personnes ont en général quelques pièces de monnaie dans … poches. • Les élèves de la maternelle avaient … place et il ne fallait pas la … prendre. • Sais-tu où les enfants ont rangé … chaussures de sport ?

236 ★★★ **Pour chaque phrase, imagine ce que le pronom leur peut représenter, puis écris la phrase sans ce pronom.**

Ex. : L'arbitre **leur** rappelle les règles du jeu.
→ L'arbitre rappelle les règles du jeu **aux deux capitaines**.

Vous leur ouvrirez la porte. • Je leur envoie une lettre. • Cette cabane leur a servi de refuge. • Elle leur sert à boire. • Jean-Pierre leur a vendu sa maison. • Voulez-vous leur annoncer la nouvelle ? • Il leur cache ses mauvaises notes. • Je leur réponds non. • Elle leur a dit de se taire ! • Et si on leur racontait une histoire ?

EN SAVOIR DAVANTAGE Leur *s'accorde au pluriel lorsqu'il est précédé de* les. *Au singulier, on écrit* le leur *ou* la leur : Cette maison, c'est la leur *(= leur maison). Au pluriel, on écrit* les leurs : Ces livres, ce sont les leurs *(= leurs livres).*

Liaisons

Quand on parle, on lie les mots les uns aux autres. Ces liaisons ne changent pas l'orthographe des mots.

► **Le début d'un mot ne change jamais d'orthographe, même si on entend un autre son à cause d'une liaison.**

ours	un ‿ ours (n)	un petit ‿ ours (t)	de gros ‿ ours (z)

► **La liaison avec la lettre d a le même son qu'une liaison avec t.**

un petit ‿ enfant (t)	un grand ‿ enfant (t)

237 ★ **Sépare les mots et souligne la première lettre des noms.**

Ex. : lesarbres, unarbre, larbre → les arbres, un arbre, l'arbre.

unami	laveugle	monardoise	leséléphants	cetâne
sonami	unaveugle	desardoises	léléphant	lesânes
desamis	cetaveugle	uneardoise	unéléphant	sonâne

238 ★ **Sépare les mots et indique les liaisons.**

Ex. : desenfantspolissons → des ‿ enfants polissons.

dejoliesimages	ungrosœuf	desoutilspratiques
sononcleArthur	unpetitoiseau	degrossesoranges
troisécharpes	mabonneétoile	desécureuilsroux
ungrandappartement		

239 ★★ **Sépare les mots et marque les liaisons que tu fais en lisant.**

Ilsontaccrochélesfleurs.	Ellesagitentlamain.	Ilfautécarterlesbras.
Onaimelesbonsacteurs.	Ilacassésonassiette.	Ilobéitàsavoix.
Ilsimprimentunjournal.	Onlesattacheratous.	Onafaituneffort.
Onaperduleséping les.		

EN SAVOIR DAVANTAGE *Certaines liaisons sont obligatoires* : des enfants, ils arrivent *(on entend « zenfan », « zariv »). D'autres liaisons ne se font pas toujours* : il est arrivé *(on peut prononcer « ilèarivé » ou « ilètarivé »).*

M

m avant m, b, p

orthographe d'usage

Les groupes de lettres **en**, **an**, **on**, **in** s'écrivent **em**, **am**, **om** et **im** quand ils sont suivis de la lettre **m**, **b** ou **p**.

La lettre n devient m quand elle est suivie de m, b ou p.

emmener	la jambe	un nombre	simple
em.m	**am.b**	**om.b**	**im.p**

Exceptions : bonbon, bonbonnière, embonpoint.

240 ★ **Écris les mots qui ont un m suivi de la lettre b ou p.**

Ex. : une chanson, un pont, un nombre → un **nombre** (m + b).

janvier, novembre, une branche, une ombre, la montagne, une lampe, un timbre, la chance, un tampon, le monde.

241 ★★ **Complète les mots par an ou am, ou bien par on ou om.**

Ex. : un p... pon → un **pom**pon.

la b...que, t...ber, un t...bour, la c...fiture, une ch...bre, un ch...teur, un p...pier, une or...ge, une m...tre, un ch...pignon.

242 ★★★ **Complète par an, on, in ou par am, om, im.**

Ex. : un rôle ...portant → un rôle **im**portant.

une tr...che de viande, de la c...pote de poire, une t...deuse à gazon, une r...pe d'escalier, gr...per sur un mur, une r...gée de chaises, une ...poule électrique, un garçon ...poli, un lave-l...ge, une ...bulance neuve.

243 ★★★ **Ajoute en, on, in ou em, om, im pour compléter.**

La t...pête souffle. • C'est un c...pte-tours. • La r...trée est en sept...bre. • Mets ton ...perméable ! • Il porte une c...binaison spatiale. • Après quatorze, il y a qu...ze. • ...mène ta sœur au cinéma. • L'eau de la f...taine n'est pas potable. • ...possible de reculer !

EN SAVOIR DAVANTAGE *Pourquoi ne met-on pas un* m *avant le* b *de* bonbon *?*
C'est parce que ce mot s'écrit avec deux fois le mot bon.

m, n, gn
dans les mots

orthographe d'usage

m, n et gn représentent des sons proches que l'on peut confondre.

m correspond au son que l'on entend au début de mardi.

mardi samedi un régime

n correspond au son que l'on entend au début de nature.

la nature un journaliste une cabane

gn correspond au son que l'on entend dans signal.

un signal un champignon la montagne

244 ★ **Complète ces expressions par m ou par n.**

Ex. : l'eau d'une fontai…e → l'eau d'une fontaine.

la victi…e d'un vol, de la macédoi…e de fruits, des légu…es verts, une angi…e blanche, un temps bru…eux, un costu…e rayé, une tarti…e, un centi…ètre, une épi…e de rosier, une fille bru…e.

245 ★ **Complète ces expressions par n ou par gn.**

aller à la campa…e, rica…er, se pei…er, faire fortu…e, se rensei…er, une caba…e de chantier, une si…ature, les cor…es du taureau, la Caisse d'Épar…e, les raci…es d'un arbre.

246 ★★ **Ajoute m, n ou gn pour compléter.**

le ga…ant, une bosse sur le crâ…e, les ali…ents, manger des châtai…es, des lu…ettes de soleil, tenir compa…ie, dé…olir une usine, un cyclo…e, un i…orant, une allu…ette.

247 ★★★ **Écris deux par deux les mots de la même famille.**

se baigner, témoigner, des soins, le sang, s'éloigner, un bain, au loin, saigner, un témoin, soigneux.

EN SAVOIR DAVANTAGE *Reconnaître les familles de mots aide à comprendre pourquoi on écrit* gn *plutôt que* ni : signe, signal ; cuisine, cuisinier.

M

mais, mets, met, mai

homophones grammaticaux

Ces mots ont la même prononciation, mais des sens différents.

Le mot mais indique que l'on dit quelque chose de différent, de contraire, qui s'oppose à ce que l'on vient de dire.

Les roses sont belles mais elles piquent.
qualité défaut

On écrit mets et met quand on utilise le verbe mettre au présent de l'indicatif, aux trois personnes du singulier.

mettre → Je mets mon pull. Tu mets ton blouson.
Ma mère met son manteau.

Le cinquième mois de l'année est le mois de mai.

248 ★★ **Complète ces phrases par mais ou met.**

Ex. : Il … une casquette. → Il **met** une casquette.

On … les chaussettes avant les chaussures. • Il est grand … peureux. • Est-ce qu'elle … ses lunettes en classe ? • Ce chien aboie, … il est gentil. • Claire se … à côté de Sylvie.

249 ★★ **Écris ces phrases avec le verbe mettre au présent.**

Ex. : Elle mit le moteur en marche. → Elle **met** le moteur en marche.

Elle a mis le vendeur à la porte. • Il mettra son anorak et ses gants. • Tu as mis ta chemise à l'envers. • Chaque dimanche, elle mettait les assiettes en porcelaine. • J'ai mis un tricot neuf.

250 ★★★ **Complète ces phrases par mais, mets, met ou mai.**

Ce n'est pas ma faute, … la sienne. • Elle … les fleurs sur la table. • … est un mois agréable. • Il est petit, … fort. • Sa mère le … au lit à neuf heures. • Il n'est pas blanc, … gris. • Il est né en … . • Tu te … avec Charlotte, … moi, je me … avec Julie.

EN SAVOIR DAVANTAGE *À l'impératif présent, le verbe* mettre *se prononce « mè » à la 2e personne du singulier :* Mets tes bottes car il y a de la boue !

Majuscule ou minuscule

nom propre et nom commun

orthographe d'usage

Les majuscules sont les grandes lettres placées en début de phrase ou au début de certains mots.

Les noms propres commencent par une lettre majuscule. Ce sont les noms de personnes, d'habitants, de villes, de pays, ainsi que les noms de marques.

Nathalie	Martin	est une	Française	qui habite	Paris.
prénom	nom de famille		habitant d'un pays		nom de ville

Sa voiture est une	Renault.	Elle paie avec une carte	Visa.
début de phrase	nom de marque		nom de marque

Les noms communs, les adjectifs et les autres mots commencent par une lettre minuscule.

un voyageur	français	la région	parisienne
nom commun	adjectif	nom commun	adjectif

251 ★ **Ajoute une majuscule aux noms de villes et d'habitants.**

Ex. : paris, un brestois → **Paris, un Brestois.**

lille, marseille, lyon, bordeaux, grenoble, un niçois, un toulousain, un nantais, un strasbourgeois, un roubaisien.

252 ★★ **Ajoute une majuscule aux noms de marques.**

une voiture, une ferrari, un coupé, une peugeot, une camionnette, une honda, du soda, de l'eau perrier, de la limonade, de l'évian.

253 ★★★ **Écris le nom des pays qui correspondent à ces habitants.**

Ex. : des Français → **la France.**

des Anglais, des Belges, des Italiens, des Allemands, des Irlandais, des Espagnols, des Portugais, des Suisses, des Danois, des Grecs.

EN SAVOIR DAVANTAGE *Il arrive qu'une marque donne son nom à un objet. Le nom propre devient alors un nom commun. C'est le cas de* frigidaire, *de* klaxon.

M

Masculin ou féminin des noms

accords

En français, un nom a toujours un genre : il est masculin ou féminin.

Un nom est masculin si on peut le dire en ajoutant un ou le.
Un nom est féminin si on peut le dire en ajoutant une ou la.

garçon → un garçon (masculin)   fille → une fille (féminin)

Les personnes et les animaux ont souvent un nom différent au masculin et au féminin.

1. On peut simplement ajouter un e au féminin.

masculin →	un invité	un ami
féminin →	une invitée	une amie

2. La fin du nom peut changer au féminin.

masculin →	un acteur	un chanteur	un tigre	un lion
féminin →	une actrice	une chanteuse	une tigresse	une lionne

3. Le masculin et le féminin peuvent être deux mots différents.

masculin →	un homme	un cheval
féminin →	une femme	une jument

Des personnes peuvent avoir le même nom au masculin et au féminin.

masculin →	un élève	un malade
féminin →	une élève	une malade

254 ★ **Ajoute un ou une avant chaque nom, puis écris entre parenthèses s'il est masculin ou féminin.**

Ex. : voiture → **une** voiture (**féminin**).

chambre, bruit, école, journée, matin, moment, histoire, chemin, minute, ballon.

255 ★ **Écris chaque nom masculin avec le nom féminin correspondant.**

une princesse, un comte, une duchesse, un baron, une baronne, un roi, une comtesse, un duc, un prince, une reine.

256 ★ **Écris les noms masculins qui correspondent à ces noms féminins.**

Ex. : une invitée → un **invité**.

une chienne, une chatte, une lapine, une amie, une maman, une fille, une apprentie, une abonnée, une ennemie, une étudiante.

257 ★★ **Écris ensemble le nom du mâle et de la femelle.**

Ex. : le lion et la lionne.

le canard, la vache, le coq, le bouc, la jument, l'ânesse, la louve, le bélier, la truie, la tigresse, le loup, le porc, la chèvre, le cheval, la cane, la poule, le tigre, l'âne, la brebis, le taureau.

258 ★★ **Complète par le masculin ou par le féminin.**

un copain	→	une …	un …	→	une adjointe
le …	→	la débutante	un …	→	une oursonne
le …	→	la maîtresse	un livreur	→	une …
un couturier	→	une …	monsieur	→	…
un …	→	une écolière	le …	→	la présidente

259 ★★★ **Parmi ces noms de métiers, quels sont les dix qui sont différents au masculin et au féminin ?**

un avocat, un gardien, un commissaire, un charcutier, un danseur, un comptable, un directeur, un médecin, un électricien, un pianiste, un vendeur, un commerçant, un acteur, un chauffeur, un boulanger.

260 ★★★ **Quels noms féminins correspondent à ces masculins ?**

Ex. : un voisin → une **voisine**.

un oncle, un époux, un père, un fils, un grand-père, un neveu, un frère, un mari, un cousin, un beau-frère.

EN SAVOIR DAVANTAGE *Pour les animaux, on n'a pas toujours un nom masculin et un nom féminin qui lui correspond. On dit par exemple* une girafe mâle *et* une girafe femelle. *Et* une lézarde *n'est pas la femelle d'*un lézard, *mais une fente dans un mur.*

ment
à la fin des adverbes

orthographe d'usage

Les adverbes sont des mots qui servent à modifier le sens d'autres mots. Ils sont toujours invariables. Beaucoup se terminent par **–ment**.

Dans un adverbe terminé par –ment, on trouve toujours un adjectif. En général, cet adjectif est au féminin.

Il marche **lentement**.
adjectif lent
→ **lente + ment**
d'une manière lente

Il parle **doucement**.
adjectif doux
→ **douce + ment**
d'une manière douce

Remarque. Certains adverbes se terminent par **–ément** *(profondément).*

261 ★★ **Quels adjectifs ont servi à former ces adverbes ?**

Ex. : rapidement → **rapide**.

tendrement, simplement, calmement, agréablement, aimablement, deuxièmement, docilement, tranquillement, difficilement, justement.

262 ★★★ **Trouve l'adjectif qui a servi pour former ces adverbes. Écris-le au masculin et au féminin.**

Ex. : lentement → **lent, lente**.

heureusement, chaudement, joyeusement, lourdement, seulement, régulièrement, curieusement, naturellement, profondément, horriblement.

263 ★★★ **Remplace l'adjectif en *italique* par l'adverbe correspondant pour retrouver une expression. Écris-la.**

Ex. : parler *doux* → parler **doucement**.

prendre *délicat*, écouter *attentif*, se défendre *courageux*, s'embrasser *affectueux*, toucher *léger*, soigner *gratuit*, avancer *pénible*, travailler *sérieux*, raconter *long*, savoir *parfait*.

EN SAVOIR DAVANTAGE *Grâce aux adverbes, on peut faire dire des choses très différentes à un seul verbe ou à un seul adjectif. On peut ainsi* manger souvent, manger lentement, manger énormément... *On peut être* très joli, vraiment joli *ou...* pas joli !

ment
à la fin des noms

orthographe d'usage

Beaucoup de noms sont terminés par les suffixes **–ement** et **–iment**.

► **Un nom qui se termine par –ement correspond à un participe passé qui se termine par –é.**

il a changé → un changement –é –ement	il a aboyé → un aboiement –é –ement

► **Un nom qui se termine par –iment ou –issement correspond à un participe passé qui se termine par –i.**

il est bâti → un bâtiment –i –iment	il a rugi → un rugissement –i –issement

264 ★★ **Écris les noms en –ement qui correspondent à ces verbes.**

Ex. : il a changé → un **changement**.

il a miaulé, il a jugé, il a roulé, il est équipé, il est logé, il a attaché, il a glissé, il a commencé, il a déménagé, il a grondé.

265 ★★★ **Quels noms en –issement correspondent à ces verbes ?**

Ex. : Les feuilles ont *jauni*. → le **jaunissement** (des feuilles).

les voitures ont *ralenti*, le gendarme a *averti*, le marchand s'est *établi*, le temps s'est *refroidi*, le blessé a *gémi*.

266 ★★★ **Écris les noms correspondant aux participes passés.**

Ex. : Les ... de ce chien sont pénibles. (*aboyé*) → les **aboiements**.

J'ai fait un ... de ce dessin. (*agrandi*) • Caroline a mérité les ... . (*encouragé*) • Il s'est excusé car il a eu un ... . (*empêché*) • D'où vient ce ... ? (*sifflé*) • On a assisté au ... de la fusée. (*lancé*) • Toutes sortes d' ... sont proposés aux touristes. (*amusé*) • Ils ont entendu le ... des loups. (*hurlé*) • J'ai reconnu la voiture au ... du moteur. (*ronflé*) • Le ... de la porte m'a réveillé. (*grincé*) • La salle a tremblé sous les ... du public. (*applaudi*).

EN SAVOIR DAVANTAGE *Dans* remerciement, *on entend « iment ». Comme le participe passé est* remercié, *on écrit* remerciement *avec un* e *après le* i.

M

Mots et phrases

grammaire

Les mots nous servent à parler du monde dans lequel nous vivons. Pour communiquer, nous les assemblons en phrases.

Quand on parle, on dit les mots à la suite les uns des autres. Quand on écrit, on sépare les mots par des blancs.

« Jécriscommejeparle. » J'écris en séparant les mots.

Une suite de mots avec un verbe forme une phrase. Une phrase commence par une majuscule et se termine par un point.

Le gros chat noir **dort** dans un rayon de soleil.
majuscule — verbe dormir — point

Une phrase peut être composée de plusieurs phrases simples.

Le chat **rêve** qu'il **mange** une souris. → 1 phrase avec 2 verbes
Le chat **rêve.** + Le chat **mange** une souris. → 2 phrases simples

Le chat que j'**ai vu** hier **dormait** au soleil. → 1 phrase avec 2 verbes
J'ai vu un chat hier. + Ce chat **dormait** au soleil. → 2 phrases simples

267 ★ **Écris ces phrases en séparant les mots.**

Ex. : Unoiseauchantesurletoit. → Un oiseau chante sur le toit.

Ilestarrivéparletrain. • Ilafaitletourdumonde. • Mamèrelitlejournal. • Ondéménageraenavril. • Lesoragesabîmentlesrécoltes.

268 ★ **Sépare les mots et souligne les verbes. Pense aux apostrophes !**

Ex. : Loiseausiffledanslarbre. → L'oiseau <u>siffle</u> dans l'arbre.

Onfaitlasiestesouslarbredujardin.
Lesenfantsjouentdevantlécole.
Unforgeronsoccupeducheval.
Jaimelesanimauxsauvages.
Regardelaviondansleciel.

269 ★ **Ce petit texte a dix phrases. Ajoute les majuscules et les points qui manquent.**

Ex. : grand-père dort dans son fauteuil il ronfle
→ Grand-père dort dans son fauteuil. Il ronfle.

je voudrais jouer avec l'ordinateur de grand-père j'appuie sur la touche de démarrage l'écran ne s'éclaire pas la souris ne marche pas le clavier ne répond pas l'ordinateur est en panne grand-père se réveille il me regarde en riant il branche la prise de courant tout marche à nouveau

270 ★★ **Écris les deux phrases simples qui correspondent à chacune de ces phrases.**

Ex. : La pluie tombe et coule sur les vitres.
→ **La pluie tombe. La pluie coule sur les vitres.**

Le chien aboie et les lapins se sauvent. • L'orage gronde et la pluie se met à tomber. • Il pleure et sa grand-mère le console. • Le soleil se couche et la nuit tombe. • Il essuie les verres et il les range.

271 ★★★ **Ajoute les majuscules et les points qui manquent, puis souligne les verbes.**

avec un crayon, Frédéric dessine le portrait de sa sœur il lui fait des moustaches il ajoute une grosse barbe vexée, Sandrine prend une feuille à son tour elle représente son frère avec une tête de crapaud elle lui met quelques gros boutons rouges bien sûr, il n'est pas content aussitôt, il décore la barbe de Sandrine de petits nœuds roses les deux enfants se regardent ils éclatent de rire

272 ★★★ **Écris une seule phrase avec chaque groupe de deux phrases. Ajoute la majuscule et le point.**

Ex. : le chat rêve + le chat mange une souris
→ **Le chat rêve qu'il mange une souris.**

mon père raconte + mon père a gagné au loto
je mets la main dans ma poche + ma poche est trouée
mes copains espèrent + mes copains gagneront le match
je ne mange pas la soupe + la soupe est trop chaude
le canard plonge dans la mare + la mare est sale

EN SAVOIR DAVANTAGE *Un même mot peut servir à désigner plusieurs choses : ainsi,* une feuille *peut être* une feuille d'arbre, une feuille de papier, une feuille de métal *ou même...* une oreille*. On dit familièrement de quelqu'un qui entend mal qu'il est « dur de la feuille ».*

M

Mots invariables

orthographe d'usage

Les mots invariables servent surtout à relier les groupes de mots dans les phrases. Ex. : Il nagea **dans** la rivière **pendant** une heure.

Les mots invariables ne s'accordent jamais. Ils ont donc toujours la même orthographe.

Exemples de mots invariables :

à travers	chez	exprès	presque
afin que	combien	fois	puis
ainsi	comme	hier	puisque
alors	comment	ici	quelquefois
après	contre	jamais	quoi
après-demain	dans	jusqu'à	seulement
arrière	davantage	là	sous
assez	dedans	longtemps	souvent
aujourd'hui	dehors	lorsque	sur
auprès	déjà	maintenant	surtout
aussi	demain	mais	tandis que
aussitôt	depuis	malgré	tant
autant	derrière	moins	tantôt
autour	dès que	parce que	tard
autre	dessous	parfois	tellement
autrefois	dessus	parmi	tôt
avant	devant	partout	toujours
avant-hier	donc	pendant	tout à coup
avec	durant	plus	toutefois
beaucoup	encore	plutôt	très
bien	enfin	pour que	trop
bientôt	ensemble	pourquoi	vers
ceci	ensuite	pourtant	voici
cependant	entre	pourvu que	voilà
chaque	envers	près de	vraiment

273 ★ **Complète les phrases avec ces mots :**
dans - mais - avec - autour - chez.

Je suis allée … lui … ma sœur. • Le chien est … sa niche, … il ne dort pas, car le chat tourne … de sa pâtée.

274 ★ **Complète les phrases avec ces mots :**
fois - sous - comme - déjà - combien.

… as-tu de balles de tennis ? • Elle est sortie … la pluie. • Vous me l'avez … dit deux … . • Fais … tu veux !

275 ★ **Complète ce petit texte avec les mots de gauche.**

comment **pendant** **toujours** **encore** **beaucoup**	Il a plu … deux jours et il va … pleuvoir demain. La rivière a … grossi. Elle va sortir de son lit. Avec ce temps, c'est … la même chose : l'eau monte et on ne sait pas … éviter l'inondation.

276 ★★ **Quel mot du cadre est caché dans chaque mot de gauche ?**
Ex. : **par** est caché dans **partout**.

partout, après, voilà, autant, dedans, combien, jamais, plutôt, depuis, envers, davantage.

tant - par - tôt - vers puis - mais - là - avant dans - près - bien

277 ★★ **Ces mots invariables sont formés de deux mots. Trouve-les.**
Ex. : autrefois → **autre + fois.**

pourquoi, auprès, depuis, pourtant, longtemps, surtout, ensuite, beaucoup, aussitôt, parfois.

278 ★★★ **Complète ce petit texte avec les mots de gauche.**

demain **avant** **ensuite** **voici** **à travers** **souvent** **derrière** **jusqu'à** **pour que** **lorsque**	V… ce que nous ferons … matin. Nous suivrons le sentier qui passe … l'église. Je l'ai … utilisé. Nous longerons d'abord la rivière … la colline et prendrons … la direction du village abandonné. Nous couperons … bois. Il faudra marcher d'un bon pas … nous arrivions … midi. Nous pique-niquerons … nous serons au pied du château.

EN SAVOIR DAVANTAGE *Parmi les mots invariables,* ensemble, avant *et* arrière *peuvent aussi être des noms :* des ensembles *(vêtements),* les avants et les arrières d'une équipe. *Dans ce cas, ils s'accordent comme les autres noms.*

Négation

grammaire

Une négation transforme une phrase pour exprimer un sens contraire.

La négation est formée de deux mots qui encadrent le verbe : ne … pas, ne … plus, ne … jamais, ne … rien, ne … point.

Il ne téléphone pas. (ne – verbe – pas) Il ne décroche plus. (ne – verbe – plus) Il ne répond jamais. (ne – verbe – jamais)

Le mot ne devient n' avant une voyelle.

Elle ne téléphone pas souvent. (ne + consonne) Elle n'écrit pas beaucoup. (n' + voyelle)

Si le verbe est conjugué à un temps composé, la négation encadre l'auxiliaire être ou avoir.

Je ne suis pas parti. (être) Je n'ai pas téléphoné. (avoir)

279 ★ **Copie les phrases qui ont une négation.**

Elle vient souvent. • Il ne pleut pas. • Ma chambre est rangée. • Aude ne partira plus. • Elle ne s'est jamais mariée. • L'école n'ouvre pas si tôt. • Son bec est jaune. • Sa voiture ne démarre plus.

280 ★★ **Change le sens de ces phrases en les écrivant sans négation.**

Ex. : L'été ne sera pas très chaud. → L'été sera très chaud.

Les lettres ne sont pas timbrées. • Les abeilles n'ont pas quitté la ruche. • Il ne répond plus au téléphone. • Le café n'est pas moulu. • Pascale ne vit plus avec ses parents.

281 ★★★ **Écris le contraire de ces phrases en ajoutant des négations.**

On a visité la Corse. • Lydie se met en colère. • Luc est un enfant. • Les lauriers sont en fleur. • La pluie tombe. • J'aime la poésie. • Elle pleure. • Remplis mon verre. • Je pars seul. • Il porte le panier.

EN SAVOIR DAVANTAGE *Si on dit :* Julie **n'a pas** huit ans *et* Léana **n'a que** huit ans, *une seule des deux a bien huit ans : Léana. Contrairement à* **ne … pas**, *la négation* **ne … que** *n'exprime pas un sens contraire.*

Nom
et groupe du nom

grammaire

Les mots n'ont pas tous le même rôle dans une phrase. Les noms servent à représenter ce qui est autour de nous.

► **Le mot qui représente une personne, un animal, une chose ou une idée s'appelle un nom.**
Le nom n'est jamais seul. Il est toujours avec un déterminant.
Il forme alors un groupe du nom.

un enfant	un chat	une table	la joie
des enfants	le chat	cette table	sa joie
déterminant + nom	déterm. + nom	déterm. + nom	déterm. + nom

Principaux déterminants :

un	le	mon	ton	son	notre	nos	ce, cet
une	la	ma	ta	sa	votre	vos	cette
des	les	mes	tes	ses	leur	leurs	ces

► **Le nom peut être accompagné d'un adjectif (ou de plusieurs).**

une jolie voiture	une jolie voiture rouge
déterm. + adjectif + nom	déterm. + adjectif + nom + adjectif

282 ★ **Classe ces noms en trois groupes selon qu'ils représentent une personne, un animal ou une chose.**

une maison, un garçon, un chat, un chalet, un homme, un poisson, une porte, un frère, un cousin, un canari.

283 ★ **Parmi ces noms, écris seulement ceux qui désignent une chose.**

Ex. : une voisine, une table, un chien → **une table**.

une bouteille, un mouton, une lampe, un vélo, un gendarme, un renard, un bateau, une chaise, un médecin, un avion, une chèvre, une fille, une balle, un éléphant, un aspirateur, une caisse, une infirmière, une horloge, un élève, un ours.

284 ★ **Écris ces noms en ajoutant un déterminant.**

Ex. : chat, chiens → **un** chat, **des** chiens.

livre	jambes	clés	machine	oreilles
branches	balai	carnet	lèvres	armoire

285 ★ **Souligne les dix groupes du nom contenus dans ces phrases.**

Ex. : On a entendu un grand bruit. → On a entendu un grand bruit.

On a mangé des carottes. • Il s'est fait piquer par un moustique. • J'ai vu un serpent. • Elle porte une jupe longue. • Aurélie lança un petit caillou contre les volets fermés. • Il prit un gros marteau et tapa sur un vieux clou. • Un énorme requin s'approcha de la plage.

286 ★★ **Classe ces noms en quatre groupes selon qu'ils représentent une personne, un animal, une chose ou une idée.**

un marin, la peine, une pomme, un saumon, un malade, un citron, un marchand, une guêpe, un bâton, un écureuil, un pompier, l'amitié, un conseil, une échelle, un chameau, la timidité, un marteau, un rat, la beauté, un pilote.

287 ★★ **Parmi ces noms, écris ceux qui désignent une idée.**

Ex. : un camion, la propreté → **la propreté.**

la paresse, le courage, une hache, un policier, le caractère, la clarté, un tabouret, l'amour, un papillon, un camion, le danger, l'épaisseur, une robe, un habitant, la rapidité, une assiette, la prudence, une fourmi, des lunettes, la profondeur, un vendeur.

288 ★★ **Écris ces noms en ajoutant chaque fois un déterminant différent. Aide-toi de la liste donnée dans la règle.**

ordinateur, crayons, prises, tapis, bureau, clavier, écrans, câbles, stylos, imprimante.

289 ★★★ **Souligne les dix groupes du nom contenus dans ce texte.**

Mon oncle ouvrit un étui usé qui contenait un violon. Il nous fit admirer le vieil instrument, puis sortit de sa poche un mystérieux sachet que son ami le brocanteur lui avait donné : c'étaient les cordes ! Il ne lui manquait plus qu'un archet pour pouvoir jouer.

EN SAVOIR DAVANTAGE *Certains noms désignent une personne précise. Ainsi,* Laura Delile *a un prénom et un nom de famille qui lui appartiennent. C'est sa propriété. Pour cette raison, on appelle ces noms* des noms propres.

Nombres

orthographe d'usage

Les mots qui servent à écrire les nombres indiquent la quantité (quinze) ou le rang (quinzième).

On écrit les nombres avec des mots invariables.

zéro	dix	vingt	cent
un	onze	vingt et un	cent un
deux	douze	vingt-deux	cent dix
trois	treize	trente	cent dix-sept
quatre	quatorze	quarante	cent vingt
cinq	quinze	cinquante	cent trente-huit
six	seize	soixante	cent quarante
sept	dix-sept	soixante-dix	mille
huit	dix-huit	quatre-vingt-un	trois mille
neuf	dix-neuf	quatre-vingt-dix	un million

Exceptions : quatre-vingts, deux cents, trois cents, quatre cents… deux millions, trois millions…

Les nombres plus petits que 100 sont reliés entre eux par et ou par un trait d'union.

31 → trente et un   32 → trente-deux   125 → cent vingt-cinq

Les mots qui indiquent le rang d'un nombre se terminent par –ième, sauf premier et second.

le troisième jour   le dixième mois   la trentième année

290 ★ **Écris ces nombres en lettres.**

Ex. : 0 → **zéro**.

1 - 2 - 3 - 4 - 5 - 6 - 7 - 8 - 9 - 10.

291 ★ **Voici des nombres en lettres. Écris-les en chiffres.**

Ex. : soixante-douze → **72**.

cent cinquante-neuf
soixante-quatre
trois cent vingt-huit
six cent quarante et un
soixante-dix-sept
deux cent trente-six
quatre-vingt-quinze
cinquante-deux
quatre-vingt-cinq
sept cent trois

292 ★ **Écris ces nombres en lettres.**

17 - 18 - 19 - 20 - 21 - 22 - 30 - 40 - 50 - 60.

293 ★★ **Complète le tableau suivant.**

1 →	un →	le …	4 →	… →	le …
2 →	… →	le deuxième	5 →	… →	le …
3 →	… →	le …	6 →	… →	le …

294 ★★ **Même consigne.**

30 →	trente →	le trentième
31 →	… →	le trente et unième
33 →	… →	le trente-troisième
40 →	… →	le …
53 →	… →	le …
100 →	… →	le …
1000 →	… →	le …

295 ★★★ **Écris en lettres les nombres qui sont dans ces phrases.**

Ex. : Cette salle contient 340 places.
→ Cette salle contient **trois cent quarante** places.

Deux douzaines d'œufs font 24 œufs. • Il y a 45 places dans ce bus. • Il a vécu 103 ans et sa sœur 111. • On a admis 89 étudiants. • 372 candidats se sont présentés au concours et 126 ont réussi. • 154 personnes faisaient la queue. • Dimanche, on a compté 37 accidents et 105 blessés sur les routes de la région.

296 ★★★ **Même consigne.**

15 600 personnes ont vu le match. • Elle a signé un chèque de 738 euros. • Il a un champ de 350 oliviers. • Le 2e est arrivé à quelques secondes du 1er. • La communication téléphonique a duré 47 minutes et 35 secondes. • Il y avait 300 invités au mariage. • C'était un village de 638 habitants et de 2 000 moutons.

EN SAVOIR DAVANTAGE *Comme les autres nombres,* mille *est invariable. Mais on a l'habitude de mettre un* s *à* vingt *et à* cent *quand ils sont au pluriel et à la fin d'un nombre :* cent quatre-vingts, mille six cents, trois mille sept cents.

oir ou oire
à la fin des noms

orthographe d'usage

L'orthographe du son « oir » à la fin d'un nom dépend en général du genre (masculin ou féminin) de ce nom.

► **Les noms féminins terminés par le son « oir » s'écrivent tous oire.**

une poire une histoire la mémoire

► **Les noms masculins terminés par le son « oir » s'écrivent en général oir.**

un devoir le couloir le soir

Exceptions : *l'ivoire, un accessoire* et des noms terminés par -toire comme *un laboratoire, un territoire, un interrogatoire, un réfectoire, un répertoire*…

297 ★ **Écris les noms suivants en ajoutant un ou une.**

Ex. : couloir → **un** couloir.

poire, armoire, mouchoir, devoir, histoire, rasoir, miroir, foire, tiroir, passoire.

298 ★★ **Complète ces expressions par oir ou oire.**

remporter la vict…, se promener le s…, le perch… du perroquet, une balanç…, un grand dort…, un réserv… d'essence, le compt… d'un bar, un laborat… médical, avoir une bonne mém…, un répert… d'orthographe.

299 ★★★ **Écris les noms terminés par oir ou oire qui correspondent à ces verbes.**

Ex. : mâcher → une **mâchoire**.

arroser, se baigner, sauter, hacher, bouillir, baver, nager, manger, sécher, trotter.

EN SAVOIR DAVANTAGE oir *et* oire *ont été utilisés pour former des mots nouveaux. À partir d'un verbe, on a obtenu un nom d'objet :* raser, un rasoir. *On dit que* oir *et* oire *sont des suffixes.*

on ou **ont**

homophones grammaticaux

on est un pronom, tandis que **ont** est un verbe.

► **on est un pronom, comme il ou elle. C'est toujours le sujet d'un verbe à la 3e personne du singulier.**

On a joué au ballon.	Où ira-t-on demain ?
il, elle a joué	ira-t-**il**
pronom verbe	verbe pronom

► **ont est le verbe avoir à la 3e personne du pluriel, au présent.**
ont peut aussi être conjugué avec un verbe.
À l'imparfait, ont devient avaient.

Mes voisins ont un chien.	Ils l'ont appelé Frozy.
avoir un chien	avoir appelé
mes voisins **avaient** un chien	ils l'**avaient** appelé Frozy

300 ★ **Remplace il ou elle par on.**

Ex. : Il dort sur le canapé. → **On** dort sur le canapé.

Il joue aux dames. • Elle lit la date sur le calendrier. • Il défend les petits. • Elle fait un joli bouquet. • Elle m'a invité. • Il a choisi la couleur de la voiture. • Elle dit toujours « bonjour ». • Elle a regardé la télévision. • Il fait du sport. • Il a beaucoup voyagé.

301 ★ **Choisis un nom dans la colonne de gauche, un nom dans la colonne de droite, puis écris une phrase avec ont.**

Ex. : les chats, des griffes → Les chats **ont** des griffes.

les chats, les voitures	des plumes, des cornes
les poissons, les escargots	un noyau, des griffes
les cerises, les oiseaux	des roues, des nageoires

302 ★★ **Écris ces phrases en mettant au pluriel les mots en *italique*.**

Ex. : *L'avion a* pu décoller malgré le brouillard.
→ **Les avions ont** pu décoller malgré le brouillard.

La voiture a dérapé sur le verglas. • *Le corbeau a* picoré toutes les graines. • *Il a* enfermé le chien dans le garage. • *Elle a* acheté des chaussures neuves. • *Le gardien a* lavé l'escalier. • *Le volet a* été réparé. • *Il a* mis des gants. • Hier, *la banque a* fermé tôt. • *Elle* m'*a* forcé à accepter. • *Le musicien a* été longuement applaudi.

303 ★★ **Complète les phrases par on ou par ont.**

Ex. : Après le pont, … tourne à droite. → Après le pont, **on** tourne à droite.

Après le repas, … a aidé maman. Les assiettes … été rangées sans casse et … a mis les couverts dans le tiroir. • Au cirque, … a préféré les clowns aux acrobates. • Les préparatifs … duré trois jours. • Les garçons … monté la tente. • … s'est servi deux fois. • Beaucoup de gens … eu la grippe cet hiver. • Les pleurs du bébé m' … réveillé. • Ces cartons nous … permis de tout emballer.

304 ★★ **Trouve l'expression simple construite avec avoir.**

Ex. : Les joueurs ont d'abord tracé des lignes sur le sol. → **avoir tracé**.
Ils ont beaucoup de chance. → **avoir de la chance**.

Deux candidats sur trois ont donné la bonne réponse. • Ils ont quatre enfants. • Ils ont couru jusqu'à la maison. • Les filles ont envie de partir. • Ces fleurs ont besoin d'engrais. • Des chenilles ont envahi les arbres. • Des lapins ont dévoré les salades du jardin. • Ces oiseaux ont de grandes pattes. • Les pompiers l'ont transporté à l'hôpital. • Les campeurs n'ont pas peur de l'orage.

305 ★★★ **Complète les phrases par on ou par ont.**

Les cageots n' … pas été remplis. • Il croit qu' … reviendra. • Ses enfants … un bon métier. • … n'a pas vu d'araignées. • Ils … tout sacrifié pour lui. • Tous les élèves … un classeur. • Ils … couru jusqu'à la maison. • J'aime l'appartement qu' … a loué. • Nos voisins … un cheval. • … a assuré la voiture contre le vol.

306 ★★★ **Même consigne.**

… a dû consulter un médecin. • … -ils beaucoup d'amis ? • Les jouets … occupé les petits. • Ces malades n' … plus de fièvre. • Je lui ai dit qu' … viendrait. • Je crois qu'ils … raison. • … a signalé un début d'incendie. • Les avions … décollé ce matin. • Ces timbres … de la valeur. • Ce soir, … aura le temps de bavarder.

EN SAVOIR DAVANTAGE *Dans les phrases négatives, la négation* **n'** *(***ne** *avant une voyelle) se confond avec la liaison que l'on fait avec* **on** : On écoute bien, mais on **n'**entend **pas**.

O

onne et ine
dans les mots

orthographe d'usage

► **La plupart des mots qui viennent d'un mot terminé par –on s'écrivent avec deux n.**

une lionne	une sonnette	questionner
un lion	un son	une question

► **Tous les mots qui viennent d'un mot terminé par –in s'écrivent avec un seul n.**

ma cousine	le jardinier	une moulinette
mon cousin	le jardin	un moulin

307 ★★ **Écris les mots terminés par on qui correspondent à ces mots.**

Ex. : boutonner, un … → un **bouton**.

une maisonnette, une … • une chansonnette, une … • frissonner, un … • elle est bonne, il est … • pardonner, le … • une camionnette, un … • une sonnerie, un … • savonner, un … • tamponner, un … • un wagonnet, un … .

308 ★★ **Complète par onn ou par in.**

une f…ale de coupe, remplir un questi…aire, ajouter du v…aigre, planter un citr…ier, tambour…er sur la porte, utiliser une sav…ette, protéger l'envir…ement, but…er les fleurs, stati…er sur la place, aimer le jard…age.

309 ★★★ **Écris ces expressions au féminin.**

Ex. : un vieux lion → une vieille lionne.

un cousin germain	un voisin charmant	deux frères orphelins
un enfant taquin	un grand champion	un patron courageux
un garçon coquin	un espion dangereux	un mignon petit chat
un gamin polisson		

EN SAVOIR DAVANTAGE *Les adjectifs terminés par* –onal *s'écrivent avec un seul* n, *bien qu'ils viennent de noms terminés par* –on : national, régional, cantonal.

Ordre des lettres
dans les mots

orthographe d'usage

Quand on écrit un mot, l'ordre des lettres correspond exactement à l'ordre des sons quand on parle.

Pour bien distinguer l'ordre des lettres dans un mot, il faut le prononcer lentement.

une carte un crabe	un garde une gravure	une bordure une broche	porter produire
le calcul la classe	un palmier un placard	récolter une cloche	un balcon une blague

310 ★ **Complète ces mots par car ou cra, gar ou gra.**

Ex. : un …table→ un **car**table.

une …te, le …dien, c'est …tuit, le …naval, un …paud, le …vier, un …çon, une …vate, un …net, une …ppe de raisin.

311 ★ **Complète ces mots par por ou pro, bor ou bro.**

un …trait, une …chure, un …blème, une …dure, une …sse, un …tail, un …duit, une …chette, un …teur, une …ne lumineuse.

312 ★★ **Complète ces expressions par al ou la, ol ou lo.**

Ex. : un vieux p…tane→ un vieux **pla**tane.

une p…ge de sable, c…culer vite, une c…que sur la main, des p…mes de plongeur, une c…chette, un grand p…card, déc…quer une carte, être en c…ère, réc…mer sa monnaie, un p…mier dattier.

313 ★★ **Complète ces expressions par ar ou ra, or ou ro.**

Ex. : c'est t...du, un crâne dég...ni → c'est **tor**du, un crâne dé**gar**ni.

c'est f…gile, une c…beille de fruits, un c…codile, du f…mage de chèvre, une t…te aux pommes, un t…cteur puissant, un t…ttoir, c'est f…midable, une t…tue géante, un c…chet en acier.

EN SAVOIR DAVANTAGE *L'ordre des lettres dans un mot est très important. En le changeant, on peut changer le sens d'une phrase :* J'ai retrouvé sa **carte**. J'ai retrouvé sa **trace**.

O Orthographe

grammaire

L'orthographe est l'ensemble des règles qui permettent d'écrire la langue que nous parlons. Ces mêmes règles permettent aussi de lire ce qui est écrit.

Les lettres et groupes de lettres représentent les sons qui composent les mots.

maison : m.ai.s.on
6 lettres — 4 sons
→ **m** comme dans **m**ardi
→ **ai** comme dans **ai**mer
→ **s** (=z) comme dans ro**s**e
→ **on** comme dans b**on**

Certaines lettres ne représentent pas un son. On peut les enlever sans changer la prononciation du mot. On dit qu'elles sont muettes.

– Certaines rappellent le sens des mots. On les entend parfois dans un autre mot de la même famille.

dans	autant	rond	dos	sot	saut
dedans	pourtant	rondelle	dossier	sottise	sauter
la lettre muette ne s'entend jamais		la lettre muette s'entend dans un autre mot de la même famille			

– D'autres rappellent la grammaire. Elles marquent le féminin, le pluriel, les accords, la personne d'un verbe conjugué.

une amie	le genou	la pluie est revenue	je cours
des amis	les genoux	les nuages sont revenus	il court
féminin : **e** pluriel : **s**	pluriel : **x**	accords dans la phrase	personne du verbe conjugué

314 ★ **Voici des groupes de lettres. Classe-les selon qu'ils représentent un son ou deux sons.**

Ex. : pl, eau → **pl** (2 sons : p + l), **eau** (1 son).

fl, an, fr, ch, tr, on, cr, cl, ai, in, gr, ien, bu, oin, au, pr, eil, pi, ein, ouil.

315 ★ **Même consigne.**

oi, en, br, pl, ou, ail, ph, bl, ei, vr, za, ê, yé, ian, ain, gl, om, oh, mo, ti.

316 ★ **Compte combien il y a de sons dans chacun de ces mots.**

Ex. : fleur → **4 sons** (f-l-eu-r).

ami, aussi, jardin, dormir, soir, beaucoup, bleu, saison, bouquet, chanson.

317 ★ **Copie ces mots, puis souligne les lettres muettes.**

Ex. : un rond → un rond.

vert, un nid, partout, un achat, blond, un canard, le climat, gros, gentil, lourd, un malheur, petit, le riz, une noix, un loup, mauvais, l'hiver, une souris, trop, un rhinocéros.

318 ★★ **Pour chaque groupe de deux mots, souligne celui qui a le plus de sons et indique combien il en a.**

Ex. : un jouet et un ballon → ballon (4 sons).

un pavé et une noix, mardi et jeudi, un oiseau et un corbeau, un chiffon et de la soie, une chaise et une table, le temps et la pluie, assis et debout, le sang et le cœur, français et anglais, une idée et le goût.

319 ★★ **Quels sont les mots composés de quatre sons ?**

un palais, le sujet, un ressort, un canot, un trajet, un trésor, un canif, le front, le menton, un duvet, un drap, un piano, un talus, un projet, un filet, un œillet, le second, du tissu, un flacon, un combat.

320 ★★★ **Regroupe les mots suivants par deux, selon leur sens.**

Ex. : le flot, sot, une sottise, flotter → le flot et flotter ; sot et une sottise.

un tapis, la laideur, un aliment, le chocolat, une partie, un rang, un désert, sentimental, retardataire, une part, désertique, un outil, une rangée, un retard, l'outillage, une tapisserie, un sentiment, laid, l'alimentation, un chocolatier.

EN SAVOIR DAVANTAGE *Le mot* oiseau *s'écrit bien comme il se prononce : avec le* **oi** *de* roi, *le* **s** *(= z) de* maison *et le* **eau** *de* bateau. *L'écriture* **eau** *(au lieu de* **o***) rappelle que dans la même famille il y a* oiselet *(petit oiseau) et* oiselier *(celui qui élève et vend des oiseaux). Il en est de même pour le* **eau** *de* bateau (batelier).

ou et où

homophones grammaticaux

Ou et où se prononcent de la même façon, mais ont un sens différent.

Le mot ou marque un choix entre deux choses, deux personnes, deux animaux.

Il aimerait avoir un chien ou un chat.
un chien **ou bien** un chat

Le mot où (avec un accent grave) exprime une idée de lieu.

Je sais où elle habite.
à quel endroit elle habite

Où vas-tu ?
à quel endroit vas-tu ?

321 ★ **Souligne ce que tu peux choisir, puis entoure le mot ou.**

Ex. : Prends une pêche ou une banane.
→ Prends une pêche (ou) une banane.

Choisis une tarte ou un éclair. • Veux-tu de l'eau ou un soda ? • Mets une casquette ou un chapeau. • Vas-y à pied ou à vélo. • Préfère-t-il le melon ou la pastèque ?

322 ★★ **Complète ces morceaux de phrases par ou ou bien par où.**

Ex. : un cahier … un carnet → un cahier **ou** un carnet.

la campagne … la mer
le quartier … elle habite
du raisin … des cerises
un poney … un âne
dormir … on peut
le cinéma … le cirque
la station … tu descends
sur le sol … sur la table
un chalet … il va souvent
être pompier … gendarme

323 ★★★ **Complète ces phrases par ou ou bien par où.**

Peux-tu me dire … il va ? • On lit … on joue ? • Le parc … vous allez est fermé ce matin. • … l'avez-vous rencontré ? • Il prendra le train … l'avion. • On ne sait pas … il est parti. • As-tu mangé du poulet … du poisson ? • Nous irons en vacances … tu veux. • Tu laves la vaisselle … tu l'essuies ? • Voici quelques photos des villes … nous passerons.

EN SAVOIR DAVANTAGE *Parfois,* où *peut exprimer l'idée de temps :* Le jour où tu viendras, on finira le puzzle *(=* ***quand*** *tu viendras).*

ou, on, oi
dans les mots

orthographe d'usage

Avec **ou** et **on**, deux lettres représentent un seul son. Avec **oi**, deux lettres représentent le son double : « oi ».

ou correspond au son que l'on entend au début de ours.

un ours — une mouche — un tatou

on correspond au son que l'on entend au début de ongle.

un ongle — une ronde — le menton

Remarque : si la lettre qui vient juste après le n est un m, un b ou un p, on s'écrit om.

oi correspond au son que l'on entend au début de oiseau.

un oiseau — choisir — le roi

324 ★ **Écris ces mots en 3 groupes : ceux avec ou, avec on et avec oi.**

la poudre, froide, un groupe, pondre, la toiture, fondre, le poivre, la foudre, gronder, une étoile.

325 ★ **Complète ces expressions par ou ou par on.**

la peur du l…p ; une m…tre en or ; des cheveux r…x ; un cart… vide ; un tr… de s…ris ; un r…d-point ; dix, …ze, d…ze ; un tr…c d'arbre.

326 ★★ **Complète par ou, par on ou par oi.**

un l…g disc…rs, faire le t…r du m…de, une b…sson fr…de, donner un c…p de c…de, faire f…dre la glace, avoir s…f.

327 ★★★ **Trouve les mots qui ont à la fois ou et on.**

Ex. : C'est une sorte de veste. → un blouson.

Il bêle. • Ils ferment la veste. • Il ferme la bouteille. • On le dit quand on rencontre quelqu'un. • Petite feuille en train de naître.

EN SAVOIR DAVANTAGE *Dans quelques mots, le groupe de lettres* **oua** *représente le même son double que* **oi** *:* la douane, la gouache, un zouave.

Participe passé
employé avec l'auxiliaire être

Le participe passé d'un verbe est en général accompagné de l'auxiliaire être ou avoir. Ex. : il est **arrivé**, elle a **téléphoné**.

Le participe passé employé avec l'auxiliaire être s'accorde avec le sujet du verbe. Il s'accorde comme un adjectif : on ajoute e au féminin et s au pluriel.

Le train est parti. c'est le train **qui est** parti masculin singulier	La voiture est partie. c'est la voiture **qui est** partie féminin singulier
Les trains sont partis. ce sont les trains **qui sont** partis masculin pluriel	Les voitures sont parties. ce sont les voitures **qui sont** parties féminin pluriel

Quand un verbe a plusieurs sujets, le participe passé est au pluriel. Il est au masculin si un des sujets au moins est masculin. Il est au féminin si tous les sujets sont féminins.

Mon oncle et ma tante sont partis. masculin + féminin → **masculin** singulier + singulier → **pluriel**	Ma tante et ma sœur sont parties. féminin + féminin → **féminin** singulier + singulier → **pluriel**

328 ★ **Dans chaque phrase, souligne ce qui est tombé.**

Ex. : Sa sœur est tomb**ée** de vélo. → Sa sœur est tomb**ée** de vélo.

La chatte est tomb**ée** sur ses pattes. • Les murs sont tomb**és** en poussière. • La nuit est tomb**ée**. • La pauvre dame est tomb**ée** à la renverse. • Deux marins sont tomb**és** à la mer. • La foudre est tomb**ée** sur le clocher. • Les cerises étaient tomb**ées** de l'arbre. • Les soldats sont tomb**és** dans un piège. • La voiture et le camion sont tomb**és** dans le vide. • Les maisons sont tomb**ées** en ruine.

329 ★ **Aide-toi de la question entre parenthèses pour accorder les participes passés.**

Ex. : Les verres sont posé… sur l'étagère. *(Qu'est-ce qui est posé ?)*
→ **Les verres** sont posé**s** sur l'étagère.

Les verres sont rangé… dans le placard. *(Qu'est-ce qui est rangé ?)*
Mes tantes sont venu… hier. *(Qui est venu ?)*

Les fruits seront lavé… à l'eau fraîche. *(Qu'est-ce qui est lavé ?)*
Les exercices sont fini… . *(Qu'est-ce qui est fini ?)*
La fête foraine est installé… au village. *(Qu'est-ce qui est installé ?)*

330 ★★ **Termine chaque début de phrase par le bon participe passé.**

Ex. : Ma mère est + sortie → **Ma mère** est sortie.

Ma mère est Ils sont Il est Elle est Elles sont Je suis	sorti. sortie. sortis. sorties.	Ma cousine est Mes cousins sont Tes sœurs sont Son père est Sa mère est	rentré. rentrée. rentrés. rentrées.

331 ★★ **Accorde les participes passés en cherchant bien ce qui est.**

Ex. : Les lettres seront posté… ce soir. → **Les lettres** seront post**ées** ce soir.

La feuille sera glissé… sous ta porte. • Cette statuette a été taillé… dans du bois. • Les lettres seront imprimé… par ordinateur. • Les gens sont descendu… chez le gardien. • Cette banque est dirigé… par une femme. • Les étudiants sont convoqué… lundi. • Les cadeaux étaient enveloppé… dans du papier doré. • Elles sont passé… me voir hier. • Des ouvriers sont monté… sur le toit de l'immeuble. • Victor est resté… avec nous jusqu'au soir.

332 ★★★ **Complète ces débuts de phrases en choisissant le bon participe passé dans le cadre de droite.**

Caroline est … . • Romain et Ludovic sont … . • Mathilde et Lucile sont … . • Marie, Jules et Anne sont … . • Arthur est … . • Ma tante, mon oncle et mon cousin sont … . • Son père, sa mère et sa sœur sont … . • Toute la famille est … . • Quelques amies sont … . • Le plus vieux de tous est … .

arrivé
partie
restés
revenues

EN SAVOIR DAVANTAGE *Quand le sujet du verbe est un pronom, il faut bien réfléchir à ce qu'il représente avant d'accorder le participe passé. Ainsi, Pierre écrit* « Je suis parti », *mais Sophie écrit* « Je suis parti**e** ».

P

Participe passé

employé avec être ou avoir

accords

Le participe passé d'un verbe est en général accompagné de l'auxiliaire être ou avoir. Ex. : il est **revenu**, elle a **écrit**.

► **Le participe passé employé avec l'auxiliaire être s'accorde toujours avec le sujet du verbe. Il s'accorde comme un adjectif : on ajoute e au féminin et s au pluriel.**

Mon cousin est venu. (= **il**) **être** venu	Ma cousine est venue. (= **elle**) **être** venue
Mes cousins sont venus. (= **ils**) **être** venus	Mes cousines sont venues. (= **elles**) **être** venues

► **Le participe passé employé avec l'auxiliaire avoir ne s'accorde jamais avec le sujet du verbe.**

Il a apporté des fleurs. avoir apporté	Elle a apporté des fleurs. avoir apporté
Ils ont apporté des fleurs. avoir apporté	Elles ont apporté des fleurs. avoir apporté

333 ★★ **Écris les cinq phrases possibles avec un début de gauche et une fin qui est dans le cadre de droite.**

Ex. : Elle a + attrapé le ballon → **Elle a attrapé le ballon.**

Elle a	arrivé**e** à huit heures.
Elle **est**	attrapé le ballon.
Ils ont	parti**es** demain matin.
Elles avaient	revenu**e** à midi.
Elles **seront**	

334 ★★ **Souligne le participe passé et son auxiliaire. Indique s'il s'agit de l'auxiliaire être ou de l'auxiliaire avoir.**

Ex. : Les gens ont chanté toute la nuit.
→ Les gens **ont chanté** toute la nuit. (auxiliaire **avoir**)

Ils ont gonflé leur montgolfière et ils se sont envolés. • Pendant les vacances, c'est notre voisine qui a arrosé les plantes. Ensuite, nous avons nourri ses chats quand elle est partie.

335 ★★ **Même consigne.**

L'avion était annoncé pour 15 heures, mais il est arrivé avec deux heures de retard. • Maman m'a acheté un livre que j'ai lu immédiatement. • Quand elle est rentrée, la maison était propre.

336 ★★★ **Souligne l'auxiliaire avoir ou être, puis accorde le participe passé si c'est nécessaire.**

Ex. : Les gendarmes avaient installé… un radar.
→ Les gendarmes avaient installé un radar.

Nathalie a dessiné… ses deux sœurs.
Ses deux sœurs sont dessiné… au crayon feutre.

Les garçons ont remonté… le réveil.
Ils sont remonté… dans leur chambre.

Patricia a dirigé… l'orchestre.
Les musiciens étaient dirigé… par Patricia.

Sarah a rangé… sa robe dans l'armoire.
Quatre robes étaient pendu… dans cette armoire.

Ils ont habité… cette maison pendant dix ans.
Leur maison sera réparé… au printemps.

337 ★★★ **Accorde les participes passés, si c'est nécessaire.**

Ex. : Elle a oublié… sa carte bancaire. → Elle a oublié sa carte bancaire.

Ces poulets sont élevé… en liberté. • Les poules ont mangé… un plein seau de grains. • La police a demandé… leur permis aux automobilistes. • Les conducteurs sont obligé… de ralentir. • Tous les spectateurs ont applaudi… l'actrice. • Cette actrice est aimé… par le public. • Deux mécaniciens ont vérifié… sa voiture. • Sa voiture est réparé… . • Les enfants ont fatigué… Isabelle. • Isabelle est épuisé… par les sottises des enfants.

EN SAVOIR DAVANTAGE *Le participe passé employé avec l'auxiliaire **avoir** s'accorde aussi avec ce **qui est**, comme le participe passé employé avec l'auxiliaire **être**. Mais cet accord se fait à une condition : avoir déjà écrit ce **qui est**, au moment où on écrit le participe passé :* Goûte la tarte que j'ai préparée. *(C'est la tarte **qui est** préparée.)*

P

Participe passé
employé sans auxiliaire

accords

Le participe passé d'un verbe peut être employé sans auxiliaire. Il ressemble alors beaucoup à un adjectif qualificatif.

Le participe passé employé sans auxiliaire s'accorde comme un adjectif, avec le nom auquel il se rapporte. On lui ajoute un e au féminin et un s au pluriel.

Ma petite sœur, amusée par les clowns, riait aux éclats.
c'est ma petite sœur **qui est** amusée
(= elle → féminin singulier)

Les spectateurs, amusés par les clowns, applaudissaient.
ce sont les spectateurs **qui sont** amusés
(= eux → masculin pluriel)

338 ★★ **Écris toutes les phrases possibles avec les participes passés du cadre et les fins de phrases à droite.**

Ex. : Admiré par la foule, Gaston sourit fièrement.
Admiré par la foule, Paul redresse la tête.

Admiré par la foule,
Admiré**e** par la foule,
Admiré**s** par la foule,
Admiré**es** par la foule,

Anne devient toute rouge.
ces acteurs signent leurs photos.
Gaston sourit fièrement.
les actrices sont heureuses.
Paul redresse la tête.
elles envoient des baisers.
Léa pose devant les photographes.

339 ★★ **Même consigne.**

Ex. : Arrivé à midi, mon cousin est resté tout l'après-midi.
Arrivé à midi, mon frère ouvrit les volets.

Arrivé à midi,
Arrivée à midi,
Arrivés à midi,
Arrivées à midi,

ma cousine est repartie à trois heures.
mon cousin est resté tout l'après-midi.
mes cousins ont déjeuné avec nous.
mes frères repartiront vers une heure.
ma sœur est ressortie à deux heures.
mon frère ouvrit les volets.
mes cousines resteront jusqu'à demain.

340 ★★ **Écris toutes les phrases possibles.**

Ex. : Perdu dans la forêt, le Petit Poucet n'a pas eu peur.

Perdu dans la forêt,	le Petit Poucet n'a pas eu peur.
Perdue dans la forêt,	les trois frères ont crié « au secours ! »
Perdus dans la forêt,	sa sœur a retrouvé son chemin.
Perdues dans la forêt,	les deux filles sont restées ensemble.
	les enfants ont téléphoné à leur mère.
	toute la bande a eu très peur.

341 ★★ **Cherche bien ce qui est pour accorder les participes passés.**

Ex. : Les enfants criaient, effrayé… par le loup.
→ **Les enfants** criaient, effray**és** par le loup.

La séance terminé…, nous irons au restaurant. • À qui sont ces sacs posé… à côté du car ? • Ma cousine se souvient des histoires raconté… par sa grand-mère. • C'est une tarte préparé… par des enfants. • Voici les cadeaux apporté… par tes amis. • La souris, passé… par un petit trou, avait disparu. • Une fois ses achats payé…, il remonte dans la voiture. • Ces tasses, cassé… par maladresse, peuvent te blesser. • Ce sont des animaux trop nourri… . • C'est une histoire fini… depuis longtemps.

342 ★★★ **Accorde chaque participe passé entre parenthèses, puis souligne le groupe du nom avec lequel tu l'as accordé.**

(*Reconnu*) par la police, les voleurs ont été arrêtés. • (*Lavé*) trop chaud, le linge s'abîme. • Les alpinistes avancent dans le froid, (*aveuglé*) par la neige. • (*Rentré*) sous la pluie, les enfants étaient trempés. • Une fois (*arraché*), ces plantes ne repousseront pas. • Les voyageurs ouvrent les yeux, (*réveillé*) par un bruit de sirène. • Maman berçait sa fille, (*endormi*) sur ses genoux. • Bien (*caché*), ces trésors n'ont pas été retrouvés. • (*Acheté*) au kilo, ce café est bon marché. • (*Parti*) avant les autres, elle a préparé le goûter.

EN SAVOIR DAVANTAGE *Quand le participe passé se rapporte à plusieurs noms, il prend le* **s** *du pluriel.* **La chatte** et **le chien** dorment, couché**s** près du radiateur. *On ajoute le* **e** *du féminin seulement si tous les noms sont au féminin :* **La chatte** et **la chienne** dorment, couché**es** près du radiateur.

P

Participes passés

terminés par -é, -u, -i, -is, -it

conjugaison

Chaque verbe a un participe passé dont l'orthographe de base est toujours la même.

Les participes passés terminés par le son « é » s'écrivent é. Ceux terminés par le son « u » s'écrivent u.

il a chanté	il a couru
il est arrivé	il est venu

Les participes passés qui se terminent par le son « i » s'écrivent i, is ou it. Pour savoir si le participe passé se termine par i, is ou it, il suffit de le mettre dans une expression au féminin. On entend alors « ie », « ise » ou « ite ».

il est sorti	→	une personne *qui est* sortie
il a pris	→	une chose *qui est* prise
il a dit	→	une phrase *qui est* dite

343 ★ **Complète les participes passés par é, u ou i.**

Ex. : La cigale a chant… tout l'été. → La cigale a chanté tout l'été.

Les enfants ont march… dans le parc.
Les élèves ont fin… leur devoir.
Il est sort… par la grande porte.
Les chiens ont cour… après un lièvre.
Les promeneurs ont trouv… le chemin.

344 ★ **Même consigne.**

Le chien a sent… venir l'ouragan et il est rentr… à la maison.
On a décid… de jouer au football et on a achet… un ballon.
Un marin a v… un requin qui a tourn… autour du bateau.
Le garagiste a pos… ses outils, puis il est ven… vers nous.
On nous a serv… du thé glacé et on a mang… des biscuits.

345 ★★ **Complète par ise ou ite.**

Ex. : J'ai compris : une leçon qui est compr… . → qui est comprise.

Elle a dit : une poésie qui est d… .

Je l'ai mis : une veste qui est m… .
Vous avez écrit : une lettre qui est écr… .
Elle a pris : une chose qui est pr… .
On est assis : une femme qui est ass… .

346 ★★ **Complète les participes passés en t'aidant du féminin.**

Ex. : *Une photo qui est prise* → Il a pr… une photo.
→ Il a pr**is** une photo.

une dinde qui est cuite → La dinde a cu… pendant trois heures.
une chose qui est permise → Il m'a perm… de jouer dans son bureau.
une robe qui est salie → Elle a sal… ses vêtements neufs.
une personne qui est mordue → Le chien a mord… le facteur.
une chose qui est interdite → La maîtresse nous a interd… d'y aller.

347 ★★ **Même consigne.**

une leçon qui est apprise → Il a appr… ses leçons.
une maison qui est démolie → Ils ont démol… le vieux bâtiment.
une dentelle qui est cousue → C'est lui qui a cous… les boutons.
une histoire qui est traduite → On a tradu… son livre en anglais.
une chose qui est promise → On nous a prom… un tour en bateau.

348 ★★★ **Complète les participes passés par é, u, i, is ou it.**

Ex. : Il a m… son blouson. → Il a m**is** son blouson. (Une veste qui est m**ise**.)

Le médecin nous a d… de manger des fruits et des légumes. • Les élèves ont rend… leurs livres à la bibliothèque. • Papa a condu… une nouvelle voiture ce matin. • Le chien est ressort… de la cuisine en emportant un os. • J'ai inscr… ma sœur au cours de violon. • Elle a surpr… son frère en train de fouiller dans son tiroir. • Les footballeurs ont perd… le match. • L'entraîneur est part… à la retraite. • On a rem… les enveloppes à la directrice. • Les déménageurs ont apport… des cartons pour les livres.

EN SAVOIR DAVANTAGE *Certains participes passés se terminent par un* **-t** *qu'on entend quand on met le participe passé dans une expression au féminin. Ex. :* faire, fai**t** (une chose *qui est* fai**te**) ; ouvrir, ouver**t** (une porte *qui est* ouver**te**) ; offrir, offer**t** (une chose *qui est* offer**te**)…

P

Passé composé
de l'indicatif

conjugaison

Le passé composé est formé de deux mots : un auxiliaire (**avoir** ou **être**) suivi d'un participe passé.

Au passé composé, l'auxiliaire est conjugué au présent. Si l'auxiliaire est être, le participe passé s'accorde.

jouer	**savoir**	**partir** (sujet masc.)	**partir** (sujet fém.)
j'ai joué	j'ai su	je suis parti	je suis partie
tu as joué	tu as su	tu es parti	tu es partie
il, elle a joué	il, elle a su	il est parti	elle est partie
nous avons joué	nous avons su	n. sommes partis	n. sommes parties
vous avez joué	vous avez su	v. êtes partis	v. êtes parties
ils, elles ont joué	ils, elles ont su	ils sont partis	elles sont parties

349 ★ **Relie chaque pronom au bon verbe, puis écris la phrase obtenue.**

Ex. : tu + as dansé → Tu as dansé.

Tu	avez joué.	J'	avons ri.
Elle	as dansé.	Nous	ont perdu.
Vous	a sauté.	Ils	ai gagné.

350 ★ **Choisis un pronom personnel pour compléter.**

Ex. : … a parlé. → **Elle** a parlé.

… a demandé.
… avons chanté.
… sont arrivés.
… êtes attendus.
… ont souri.

351 ★ **Complète les verbes au passé composé par l'auxiliaire avoir.**

Ex. : Ils … *marché* dans la neige. → Ils **ont** marché dans la neige.

On … *aimé* le film.
Tu … *choisi* le ballon.
J' … *regardé* les photos.
Vous … *voulu* téléphoner.
Nous … *crié* très fort.

352 ★ **Complète les verbes au passé composé par l'auxiliaire être.**

Ex. : Elle … *venue* me voir. → Elle **est** venue me voir.

Nous … *partis* très tôt.
Il … *passé* par la fenêtre.
Je … *monté* sur le mur.
Elles … *rentrées* pour déjeuner.
Tu … *sorti* promener le chien.

353 ★★ **Souligne l'auxiliaire (avoir ou être), puis complète les participes passés par é, u ou i.**

Ex. : Nous avons b… du lait. → Nous avons **bu** du lait.

On a entend… la sirène. • Les fourmis ont dévor… le papillon. • Nous avons fin… les travaux. • Il s'est approch… sur la pointe des pieds. • Ils ont réun… tous leurs amis. • J'ai donn… ma poupée à Pauline. • Les gens ont cour… jusqu'à la sortie. • Les spectateurs ont r… de bon cœur. • Son bébé a pleur… longtemps. • Tout le monde a cr… son histoire.

354 ★★ **Complète les verbes au passé composé.**

Ex. : Nous … soulign… les verbes. → Nous **avons** souligné les verbes.

Maman … rempl… les tasses de café. • Hélène … propos… d'aller pique-niquer. • Le vent … sembl… se calmer. • Elle … tir… la sonnette d'alarme. • Ces joueurs … bien défend… leur équipe. • Nous … suspend… des mobiles au plafond. • Est-ce que vous l' … salu… ? • Tu … rest… jusqu'à dimanche ? • J' … coup… la galette en six parts. • Il … retourn… à Nancy.

355 ★★★ **Quels sont les cinq verbes au passé composé ? Écris-les.**

vous aviez reçu, elle sera descendue, vous avez préféré, il brillera, j'ai abandonné, il va se lasser, nous avons répété, vous étiez perdus, tu vas dîner, il a remarqué, elles vont jouer, j'ai creusé, j'aime lire.

356 ★★★ **Écris les verbes entre parenthèses au passé composé.**

Ex. : Elles (*fermer*) la porte et elles (*partir*).
→ Elles **ont fermé** la porte et elles **sont parties**.

Les lutteurs (*glisser*) et ils (*tomber*). • Elle (*revenir*) à Nantes. • Mon oncle et ma tante (*habiter*) au Maroc. • Nous lui (*indiquer*) le chemin. • Quand nous (*apercevoir*) le taureau, nous (*courir*) aussi vite que possible. Nous (*se jeter*) sur le portail et nous l'(*escalader*), mais Paul (*déchirer*) son pantalon.

EN SAVOIR DAVANTAGE *Les auxiliaires sont des personnes qui aident. Dans la conjugaison,* avoir *et* être *sont des auxiliaires : ils aident le verbe. Ce sont eux qui se conjuguent et qui changent suivant les personnes et les temps. Le verbe, lui, donne le sens : c'est le rôle du participe passé.*

P

p, b, t, d
dans les mots

orthographe d'usage

p et b, t et d représentent des sons proches que l'on peut confondre.

p correspond au son que l'on entend au début de panier.

un panier | répéter | une taupe

b correspond au son que l'on entend au début de ballon.

un ballon | un robinet | il tombe

t correspond au son que l'on entend au début de tasse.

une tasse | un étage | il arrête

d correspond au son que l'on entend au début de dame.

une dame | endormir | une ronde

357 ★ **Complète ces mots par p ou par b.**

Ex. : un …allon de foot → un ballon de foot.

un œuf de …oule, croquer une …êche, un …illet de dix euros, une bonne ré…onse, un …erceau, une tartine de …eurre, manger une …oire, un coup de …alai, être …elle, manger du …oisson.

358 ★ **Complète ces mots par t ou par d.**

un bébé qui …ousse, le …ébut du film, jouer aux …ominos, ouvrir un …iroir, un …essert glacé, un coup de …ête, un …orchon sale, prendre une …ouche, la …ige d'une fleur, le mal de …ents.

359 ★★ **Complète en ajoutant p, b, t ou d.**

chez le …octeur, une …omate bien rouge, …oire de l'eau, parler …oucement, un …ol de lait, une …elote de laine, une é…agère, des …ottes en cuir, du …hon à l'huile, un collier de …erles.

EN SAVOIR DAVANTAGE *« p » et « b » se prononcent de la même façon, « t » et « d » aussi. Une seule différence : quand on prononce « b » et « d », on peut sentir les cordes vocales vibrer en posant un doigt sur son cou, au niveau du larynx.*

Personnes de la conjugaison (1)

je, tu, il, elle, nous, vous, ils, elles

Une personne ou plusieurs personnes peuvent parler.

Je pars. 1re personne du singulier	**Nous** partons. 1re personne du pluriel

On parle à une personne ou à plusieurs personnes.

Tu pars. 2e personne du singulier	**Vous** partez. 2e personne du pluriel

On parle d'une personne ou d'une chose. On peut aussi parler de plusieurs personnes ou de plusieurs choses.

Il part, **elle** part. 3e personne du singulier	**Ils** partent, **elles** partent. 3e personne du pluriel

Remarque. il + elle = ils : Marc et Anne partent → ils partent.

360 ★ **Complète par je, tu, nous ou vous.**

« … range mon cartable pendant que … prépares mon goûter », dit Cyril. « … as pensé à ton cahier de poésies ? » demande sa mère. « Oui, répond le garçon. … allons répéter et vous, les parents, … viendrez nous applaudir à la fête. »

361 ★ **Quels noms peuvent remplacer il(s) ou elle(s) ?**

il joue →	Paul et Tom	elle reste	Romain
elle court	Valentin	il parle	Aude et Léa
ils crient	Stéphanie	elles rient	Isabelle

362 ★★ **Remplace les noms par il, elle, ils ou elles.**

Notre chatte dort. Cet âne est têtu. Les dauphins sont intelligents et les poules sont bêtes. Le loup et la louve sont dans leur tanière.

EN SAVOIR DAVANTAGE *Le sujet* vous *peut aussi représenter une seule personne si on vouvoie celui ou celle à qui on parle :* Vous êtes gentille, madame.

P

Personnes de la conjugaison (2)

on, 3e personne du singulier

conjugaison

Une personne parle d'elle-même et en même temps d'autres personnes. Elle peut dire nous ou bien on.

Nous partirons demain. 1re personne du pluriel	On partira demain. 3e personne du singulier

Avec le pronom on, le verbe se conjugue à la 3e personne du singulier, comme avec il ou elle.

On partira demain. il partira elle partira	On prendra le train. il prendra elle prendra

363 ★ **Remplace les pronoms il et elle par on.**

Ex. : Il arrivera ce soir. → **On** arrivera ce soir.

Elle joue du violon. • Il termine ses devoirs. • Il donne le signal du départ. • Elle goûte la tarte. • Elle s'amuse avec le chien.

364 ★★ **Remplace le pronom nous par on. Attention, il faut aussi changer la terminaison du verbe.**

Ex. : Nous jouons à la cachette. → **On** joue à la cachette.

Nous fermons les yeux. • Nous travaillons bien. • Nous apprenons l'anglais. • Nous chantons ensemble. • Nous écrivons à sa famille.

365 ★★★ **Complète par il, elle ou on selon le sens de la phrase.**

Ex. : … ira tous ensemble. → **On** ira tous ensemble.

… met sa jupe. • … siffle fort, ce merle ! • … est très belle. • … est tous partis en train. • … pousse son copain qui le gêne. • Mon frère et moi, … accepte ta décision. • … était jolie avec ses plumes noires. • … attend le bus tout seul. • … a promis d'être gentils. • … regarde les étoiles en se bousculant.

EN SAVOIR DAVANTAGE *On écrit* on est allé *si* **on** *représente un groupe, mais* on est allés *ou* on est allées *si* **on** *représente plusieurs personnes précises.*

peu, peux, peut

homophones grammaticaux

Le mot **peu** est un adverbe. **Peux** et **peut** correspondent au verbe pouvoir.

► **Le mot peu est invariable. Il signifie « pas beaucoup, pas très ».**

J'en voudrais un peu.
pas beaucoup

Elle est peu bavarde.
pas très

► **Quand on écrit peux ou peut, on écrit le verbe pouvoir au présent de l'indicatif.**

pouvoir → je peux
tu peux
il, elle, on peut

Est-ce que je peux t'aider ?
Tu peux m'aider.
Ta sœur peut nous aider.

366 ★★ **Modifie ces phrases pour utiliser l'adverbe peu.**

Ex. : Je *n'*en voudrais *pas beaucoup*. → J'en voudrais **peu**.

Cette lampe éclaire *mal*. • J'ai mis *une petite cuillère* de sucre dans mon yaourt. • Elle a haché un *petit morceau* d'ail sur la viande. • Il a terminé en *quelques* jours. • On *n'*a *pas beaucoup* de temps.

367 ★★ **Change le sens de ces phrases en remplaçant le verbe vouloir par le verbe pouvoir.**

Ex. : Je veux jongler avec trois balles. → Je **peux** jongler avec trois balles.

Sébastien veut gagner la course. • Je n'en veux plus ! • Ma sœur veut réussir le concours. • Tu veux me raconter la vérité. • On fait tout ce qu'on veut.

368 ★★★ **Complète ces phrases par peu, peux ou peut.**

Ex. : Sans clés, on ne … pas entrer. → Sans clés, on ne **peut** pas entrer.

Il a mis un … de sel sur ses haricots. • L'eau ne … pas passer dans ce tuyau. • Je crois que tu … le dire. • On … prendre le train. • Elle est arrivée il y a … . • Il répète qu'on ne … pas partir. • J'en connais … capables d'un tel courage. • Je n'y … rien ! • Ce sac est un … trop lourd et elle ne … pas le porter seule.

EN SAVOIR DAVANTAGE *Voici quelques expressions dans lesquelles on utilise l'adverbe* ***peu*** *:* peu à peu, à peu près, un peu de, pour un peu.

P

pl, cl, bl, gl, fl
dans les mots

orthographe d'usage

Certains groupes de deux lettres sont formés d'une consonne suivie de la lettre l. Ce sont des groupes difficiles à prononcer et à écrire.

► **Les lettres p, c, f représentent des sons sourds qui ne font pas vibrer les cordes vocales. Au contraire, les lettres b, g, v représentent des sons sonores.**

sons sourds	→	le pain	un camp	je fais
sons sonores	→	le bain	un gant	je vais

► **Quand on écrit pl, cl, fl, le l ajouté donne l'impression que p, c, f représentent des sons sonores. Il ne faut pas les confondre avec bl, gl, vl.**

un plan	la classe	un flan
blanc	la glace	vlan !

369 ★ **Complète par pl ou bl.**

…anter un arbre, des cheveux …onds, un bac à sa…e, dessiner le …an d'une maison, faire …aisir, le ciel …eu, la …ace du village, mettre une …ouse, scier une …anche, une …ume d'oiseau.

370 ★ **Complète par cl ou gl.**

les …ands du chêne, des bou…es d'oreilles, le …obe terrestre, un seau à …ace, un arti…e, …isser, une bicy…ette, des …açons, un …ou, un bon …ient.

371 ★★ **Complète par pl, bl, cl, gl ou fl.**

un mur en …âtre, un on…e cassé, l'as de trè…e, le coupa…e, des pantou…es, un ai…e, un aveu…e, les mus…es, une ci…e, un mira…e.

372 ★★ **Complète par pl, bl, cl, fl ou vl.**

…adimir, en colère, dé…are que sa sœur est horri…e, qu'elle ressem…e à une …oche. Et …an ! Une gi…e tombe. Le garçon va se …aindre à sa mère en …eurant. Il dit en reni…ant que Nadia l'a battu. « C'est pas moi, dit-elle. C'est la cloche ! »

P

Pluriel des noms
terminés par -al et -ail

accords

Les mots terminés par –**al** et –**ail** sont soit des noms, soit des adjectifs.

- **Les noms terminés au singulier par –al ont en général leur pluriel en –aux.**

un animal → des animaux un cheval → des chevaux

Exceptions : des bals, des carnavals, des chacals, des festivals, des récitals...

- **Les noms terminés par –ail ont leur pluriel en –aux ou en –ails.**

un travail → des travaux un détail → des détails

Pluriel en –aux : un travail, un vitrail, un émail, un corail, un bail, un soupirail...

Pluriel en –ails : un détail, un portail, un éventail, un chandail, un épouvantail, un rail, un gouvernail...

373 ★ **Écris le singulier de ces noms.**

Ex. : des chevaux → **un cheval.**

des journaux, des signaux, des animaux, des travaux, des canaux, des hôpitaux, des bocaux, des détails, des totaux, des bals.

374 ★★ **Complète soit au singulier, soit au pluriel.**

un métal	→	des mét...	un ...	→	des coraux
un émail	→	des ém...	un chandail	→	des ...
un chacal	→	des ...	un ...	→	des cristaux
un ...	→	des vitraux	un portail	→	des ...
un local	→	des ...	un carnaval	→	des ...

375 ★★★ **Écris ces noms au pluriel.**

un tribunal, un éventail, un quintal, un Provençal, un végétal, un épouvantail, un mal de tête, un festival, un rail de chemin de fer, un terminal.

EN SAVOIR DAVANTAGE *Les adjectifs terminés au singulier par –**al** ont en général leur pluriel en –**aux** :* normal → normaux, national → nationaux, spécial → spéciaux. *Quelques adjectifs font exception comme* bancals, glacials, natals...

P

Pluriel des noms
terminés par -au, -eau, -eu

accords

Pour marquer le pluriel d'un nom, on utilise la lettre **s**. Mais on utilise souvent un **x** quand le nom se termine par un **u** au singulier.

► **Les noms terminés par -au et -eau ont un x au pluriel.**

un noyau des noyaux	un bateau des bateaux	un oiseau des oiseaux

Exception : un landau, des landaus.

► **Les noms terminés par -eu ont un x au pluriel.**

un jeu des jeux	un feu des feux

Exceptions : un bleu, des bleus ; un pneu, des pneus.

376 ★ **Écris ces noms au pluriel.**

Ex. : un bateau → **des bateaux.**

un chapeau, un bureau, un tableau, un préau, un chameau, un cheveu, un noyau, un jeu, un corbeau, un rideau.

377 ★★ **Écris les noms entre parenthèses au pluriel.**

des (*feu*) de forêt, des (*troupeau*) de moutons, des (*pneu*) mal gonflés, des vrais (*jumeau*), des (*tuyau*), des (*poteau*) électriques, faire des (*vœu*), des (*rouleau*) de papier, des (*traîneau*), des (*gâteau*).

378 ★★★ **Écris les noms entre parenthèses au pluriel.**

Ex. : Ils ont reçu leurs (*cadeau*). → Ils ont reçu leurs **cadeaux.**

Il a trois (*neveu*). • Les (*escabeau*) sont pratiques. • Ce sont de jolis (*landau*). • On a rempli deux (*seau*) de sable. • Les voleurs sont passés aux (*aveu*). • On n'a pas vu les (*panneau*). • La police est déjà sur les (*lieu*). • C'est une tarte aux (*pruneau*). • Il s'est fait des (*bleu*) en se cognant. • Aimes-tu les (*poireau*) ?

EN SAVOIR DAVANTAGE *Un* sarrau *est une sorte de blouse qu'un médecin ou un peintre, par exemple, porte par-dessus ses vêtements. Au pluriel, ce mot s'écrit avec un* **s** *: un sarrau, des sarraus.*

Pluriel des noms

terminés par -ou

Pour marquer le pluriel d'un nom, on utilise la lettre **s**. Mais on utilise souvent un **x** quand le nom se termine par un **u** au singulier.

► **Les noms terminés par –ou au singulier ont un s au pluriel.**

un trou	un clou	un kangourou
des trous	des clous	des kangourous

► **Sept noms terminés par –ou au singulier ont un x au pluriel.**

un bijou → des bijoux
un caillou → des cailloux
un chou → des choux
un genou → des genoux
un hibou → des hiboux
un joujou → des joujoux
un pou → des poux

379 ★★ **Complète les expressions suivantes par s ou par x.**

Ex. : les caillou… du Petit Poucet → les cailloux du Petit Poucet.

les deux genou…
des gros matou…
une boîte de bijou…
un nid de coucou…
des verrou… solides
les yeux des hibou…
des trou… profonds
un tas de clou…
des chou… de Bruxelles
une tête pleine de pou…

380 ★★★ **Écris les mots entre parenthèses au pluriel.**

Ex. : Il s'est mis (à *genou*) sur le gazon. → Il s'est mis à genoux sur le gazon.

Je n'ai jamais vu (*un kangourou*) aussi gros. • Il aime ses machines, comme un enfant aime (*son joujou*). • Les joueurs ont posé (*leur biniou*). • Plus on est de (*fou*), plus on rit ! • Une forêt de (*bambou*) a envahi le jardin. • Au Texas, on voit souvent (*un tatou*). • C'est (*un filou*) ! • Il lance (*un caillou*) dans l'eau. • Elle fixa la planche avec des boulons et (*un écrou*). • Thomas a l'habitude de sucer (*un cachou*).

EN SAVOIR DAVANTAGE *Quelques noms ont toujours un* x, *même au singulier :* le houx, un époux *(une épouse)*, la toux *(tousser)*. *Il en est de même pour les adjectifs* doux *(douce)*, roux *(rousse)*, jaloux *(jalouse)*.

P

Pluriel ou **singulier** des noms

accords

Le nombre d'un nom (singulier ou pluriel) est indiqué par son déterminant. Ex. : **une** fleur, **des** fleurs, **ces** fleurs.

Un nom est au singulier quand il désigne une seule personne, un seul animal, une seule chose ou une seule idée.
Le déterminant du nom est alors au singulier : *le, la, un, une, ce, cet, cette, mon, ma, ton, ta, leur…*

un chanteur	cet oiseau	ma clé	ton idée
un seul	**un** seul	**une** seule	**une** seule

Un nom est au pluriel quand il désigne plusieurs personnes, plusieurs animaux, plusieurs choses ou plusieurs idées. On ajoute la lettre s (ou parfois x) à la fin du nom.
Le déterminant du nom est alors au pluriel : *les, des, ces, mes, tes, ses…*

des chanteurs	ces oiseaux	mes clés	tes idées
deux ou davantage	plusieurs	plusieurs	plusieurs

Quand un nom se termine par s ou x au singulier, il ne change pas au pluriel.

une souris	une noix
des souris	des noix

Lorsqu'un nom vient juste après de, il peut être au singulier ou au pluriel, suivant le sens.

un sac de farine	un sac de bonbons
qui contient **de la** farine	qui contient **des** bonbons

381 ★ **Ajoute le s du pluriel aux noms, quand c'est nécessaire.**
Ex. : un chemin…, des route… → un chemin, des routes.

un avion…	une course…	trois poisson…	plusieurs chalet…
des voiture…	ses ballon…	à deux main…	mes raquette…
le bateau…	la balle…		

382 ★ **Écris les noms suivants au pluriel.**

un mur, une porte, une forêt, une ville, une odeur, une salle, un volet, une lampe, un loup, un pot.

383 ★ **Même consigne.**

un rayon, une pierre, un bois, une pomme, une poire, un rat, une souris, une pièce, un os, un nid.

384 ★★ **Complète en écrivant les noms au singulier ou au pluriel.**

une croix	→	des …	la corde	→	les …
cette …	→	ces fourchettes	mon livre	→	mes …
ma tasse	→	mes …	ta …	→	tes chemises
votre …	→	vos chats	un …	→	des ours
ce radis	→	ces …	son …	→	ses ailes

385 ★★ **Cinq noms entre parenthèses doivent être au pluriel. Lesquels ?**

un cageot de (*cerise*), un concours de (*beauté*), une soupe de (*légume*), un tronc d'(*arbre*), une chemise de (*coton*), un bouquet de (*fleur*), un meuble de (*salon*), une corde à (*nœud*), une pluie d'(*orage*), un sachet de (*noisette*).

386 ★★★ **Écris ces expressions en ajoutant ou non le s du pluriel.**

Ex. : une salade de tomate… → une salade de tomates.

une salade de jardin…	un kilo de carotte…	un plat de purée…
une salade de fruit…	un kilo de farine…	un plat d'épinard…
un animal à plume…	un tas de sable…	
un stylo à plume…	un tas de pierre…	

387 ★★★ **Même consigne.**

un pot de crème…	une boîte de biscuit…	un sac de blé…
un pot de fleur…	une boîte en carton…	un sac de bille…
un paquet de café…	une boîte à outil…	un sac de toile…
un paquet de bonbon…		

EN SAVOIR DAVANTAGE *Un s peut rendre une phrase absurde. Si on écrit* Paul arrive en voitures, *cela signifie qu'il arrive dans plusieurs voitures à la fois. Et, bien sûr, ce n'est pas possible.* Paul arrive en voiture, *dans une seule voiture.*

Ponctuation

orthographe d'usage

Quand on écrit, on utilise des petits signes pour indiquer les pauses et le ton des phrases. Ce sont les signes de ponctuation.

Au début d'une phrase, on met une majuscule.
Dans une phrase, la virgule (,) marque une courte pause.
À la fin d'une phrase, on met un point.

Depuis deux ans, j'apprends à jouer du violon.
majuscule — virgule — point

À la fin d'une phrase, on peut utiliser plusieurs sortes de points :
– un point d'interrogation (?) pour une question.
– un point d'exclamation (!) quand on s'exclame.
– des points de suspension (...) pour montrer que la phrase n'est pas terminée ou qu'on hésite.

Quand viendras-tu ? Mamie t'attend ! Si j'osais, je te dirais que...
point d'interrogation — point d'exclamation — points de suspension

On peut utiliser deux points (:) pour annoncer une explication ou des paroles.
On commence par un tiret (–) chaque fois qu'une personne prend la parole. On peut aussi utiliser des guillemets que l'on ouvre au début («) puis que l'on ferme à la fin (»).

Quand Mamie entendit la sonnette, elle demanda :
« Qui est là ?
– C'est le facteur. J'ai un colis pour vous.
– Entrez ! dit-elle. La porte n'est pas fermée. »

388 ★ **Pour chaque phrase, ajoute les majuscules et remplace chaque carré par un point ou par une virgule.**

Ex. : bien sûr ■ je le connais ■ → **B**ien sûr**,** je le connais**.**

1. depuis ce matin ■ le vent souffle très fort ■
2. son frère ■ sa sœur et sa mère sont ici ■
3. au début ■ les choses se passent bien ■
4. très lentement ■ le camion recule dans le hangar ■
5. en voyant le chien ■ il se sauve en courant ■

389 ★ **Ajoute les virgules et les points qui manquent.**

Le lendemain ■ c'est dimanche ■ Il n'y a pas classe ■
Aujourd'hui ■ c'est le grand jour ■ On part en vacances ■
Elle a refusé ■ mais je sais qu'elle finira par dire « oui » ■
Pour son anniversaire ■ elle a eu un vélo neuf ■

390 ★★ **Remplace chaque carré par un point, un point d'interrogation ou un point d'exclamation.**

Où vas-tu ■
Comme tu es beau ■
Combien coûte ce cartable ■
Que de bruit pour rien ■
Quand serez-vous prête ■

Auriez-vous dit un mensonge ■
Les chaises sont dans le placard ■
Comment es-tu arrivé là ■
Je lui demande l'heure ■
Qui accompagne les élèves ■

391 ★★★ **Remplace les carrés par une virgule, un point, un point d'interrogation, un point d'exclamation ou un guillemet.**

Chez le coiffeur. Monsieur Arthur a sorti des ciseaux, deux peignes ■ trois brosses et un grand rasoir ■ À portée de la main ■ il a un fer à friser et un sèche-cheveux ■
■ Vous avez besoin de tout ça ■ demande Ratus un peu inquiet.
– Bien sûr ■ répond le coiffeur ■ Je veux que vous soyez le plus beau rat de la ville ■ Je vais vous faire une coiffure d'artiste ■ Je vais aussi vous friser les moustaches. »

392 ★★★ **Remplace chaque carré par un signe de ponctuation.**

Mystère. « Ai-je bien vu ■ Quelle est cette créature si étrange ■ Elle est poilue ■ griffue ■ inquiétante… Mais ce n'est pas un loup ■ » L'adjudant avait vu des images de loups ■ des films à la télévision. Le monstre qui se promenait avec la fillette n'avait absolument pas la même allure ■ L'heure était grave ■ L'individu bizarre qui accompagnait la petite fille avait un air trop louche pour être honnête ■ foi de gendarme ■

EN SAVOIR DAVANTAGE *Les guillemets s'utilisent aussi quand on écrit une expression ou une phrase de quelqu'un d'autre :* « Cette leçon vaut bien un fromage », *a écrit La Fontaine dans* Le corbeau et le renard.

pouvoir

Comme tous les verbes irréguliers, **pouvoir** est un verbe du 3e groupe.

Les deux premières personnes (je, tu) du verbe pouvoir se terminent par x au présent.
Au futur, le verbe pouvoir s'écrit avec deux r.

présent	imparfait	futur
En ce moment...	*Il y a longtemps...*	*Demain...*
je peux	je pouvais	je pourrai
tu peux	tu pouvais	tu pourras
il, elle, on peut	il, elle, on pouvait	il, elle, on pourra
nous pouvons	nous pouvions	nous pourrons
vous pouvez	vous pouviez	vous pourrez
ils, elles peuvent	ils, elles pouvaient	ils, elles pourront

passé composé (sujet masculin ou féminin)
Hier...

j'ai pu	nous avons pu
tu as pu	vous avez pu
il, elle, on a pu	ils, elles ont pu

393 ★ **Complète par le verbe pouvoir au présent.**

Il … plonger. • Nous … sauter très haut. • Tu … te cacher ici. • Vous … m'attendre. • Elles … le faire seules.

394 ★ **Complète par le verbe pouvoir au passé composé.**

Ex. : Hier, on … se baigner. → Hier, on **a pu** se baigner.

Elle … faire de la planche à voile. • Vous … la voir. • Tu … jouer dans le sable. • Ils … réparer le moteur. • Nous … assister au concert.

395 ★★ **Complète par le verbe pouvoir à l'imparfait ou au futur.**

Tout à l'heure, ils … jouer au tennis. • Vous … vous lever tard demain. • Quand elle était jeune, elle … travailler même la nuit. • Si tu le veux bien, tu … venir avec nous. • En ce temps-là, ils … courir le marathon.

EN SAVOIR DAVANTAGE *Les verbes* vouloir *et* valoir *ont aussi un* x *au présent, comme le verbe* pouvoir : je veux, tu veux ; je vaux, tu vaux.

pr, tr, cr, br, dr, gr, fr, vr dans les mots

orthographe d'usage

Les deux lettres formées d'une consonne suivie de r représentent des sons qui se ressemblent, car le son « r » est plus fort que les autres.

Les lettres p, t, c, f représentent des sons sourds qui ne font pas vibrer les cordes vocales. Au contraire, les lettres b, d, g, v représentent des sons sonores qui les font vibrer.

sons sourds	→	un pont	le temps	le cou	il faut
sons sonores	→	un bond	une dent	le goût	un veau

Quand on écrit pr, tr, cr, fr, le r ajouté donne l'impression que p, t, c, f représentent des sons sonores. Pour bien entendre la différence avec br, dr, gr et vr, il faut prononcer lentement pour savoir quelles lettres écrire.

une prise	tressé	un cri	c'est frais
la brise	dressé	gris	c'est vrai

396 ★ **Complète par pr ou br.**

une …ise de judo, une …anche d'arbre, une tarte aux …unes, une …ioche, une fin toute …oche, la …iorité, une …oche en or, c'est …ofond, une chevelure …une, la …ise de mer.

397 ★ **Complète par tr ou dr.**

un …agon, une …esse, un …omadaire, une route é…oite, le …apeau français, un …icheur, un …ésor, un chien …essé, tourner à …oite, une …anche de pain.

398 ★ **Complète par cr ou gr.**

des …ains de blé, une …êpe à la confiture, faire la …ève, un …oissant, une …oquette de poisson, un …illage, une …ise de foie, un …oupe d'enfants, la …oûte du pain, une chevelure …ise.

399 ★ **Complète par fr ou vr.**

son …ère, le gi…e, le mois d'a…il, un …omage de chè…e, un liè…e, dans le …igo, c'est …aiment beau, …otter fort, un …uit mûr.

P

Présent de l'indicatif (1)

1er et 2e groupes

conjugaison

Le présent, c'est le moment où l'on parle. Un verbe est au présent quand il indique ce qui se passe *maintenant, en ce moment*.

Les terminaisons du présent dépendent de l'infinitif du verbe.
– Les verbes terminés par –er (1er groupe) ont les terminaisons :

danser :	je danse	→ je –e	nous dansons	→ nous –ons
	tu danses	→ tu –es	vous dansez	→ vous –ez
	il, elle, on danse	→ il –e	ils, elles dansent	→ ils –ent

– Les verbes terminés par –ir et qui ont un participe présent en –issant (2e groupe) ont les terminaisons :

finir :	je finis	→ je –s	nous finissons	→ nous –ons
	tu finis	→ tu –s	vous finissez	→ vous –ez
	il, elle, on finit	→ il –t	ils, elles finissent	→ ils –ent

400 ★ **Complète par le verbe parler au présent.**

Ex. : elle ... → elle **parle**.

nous ...	on ...	vous ...	il ...	ma sœur ...
tu ...	je ...	ils ...	elles ...	les gens ...

401 ★ **Ajoute un pronom personnel qui peut aller avec chaque verbe.**

Ex. : ... jouons → **nous** jouons.

... arrivez, ... chantes, ... passe, ... bavardons, ... entrent, ... tombe, ... aimes, ... restent, ... arrête, ... appelez.

402 ★ **Complète par le verbe grandir au présent.**

elles ...	tu ...	elle ...	je ...	mon frère ...
vous ...	nous ...	il ...	ils ...	les enfants ...

403 ★★ **Trouve tous les pronoms qui vont avec chaque verbe.**

Ex. : ... finissent → **ils** finissent, **elles** finissent.

... avançons, ... bondit, ... choisissez, ... approches, ... décide, ... obéis, ... rougissent, ... continuez, ... grossis, ... réussissons, ... copient.

404 ★★ **Complète par la bonne terminaison du présent.**

Ex. : Elles march… d'un bon pas. → Elles march**ent** d'un bon pas.

Je rentr… de bonne heure. • Ces rues abouti… au fleuve. • Tu ralenti… dans les virages. • Les fauves bondi… sur les antilopes. • Vous élev… des chiens de chasse ? • Je crois que vous maigri… . • Papa cherch… ses clés. • Nous bâti… un nouvel immeuble. • Ils mang… beaucoup. • Nadine fleuri… son appartement.

405 ★★ **Parmi ces verbes, écris ceux qui se conjuguent comme danser.**

rêver, remarquer, permettre, manquer, tiédir, changer, suivre, cuire, frapper, pousser, soumettre, saluer, interdire, croire, prendre, amener, sentir, creuser, revoir, réparer.

406 ★★★ **Parmi ces verbes, écris ceux qui se conjuguent comme finir.**

franchir, apprendre, établir, sourire, punir, guérir, ouvrir, couvrir, pâlir, cueillir, trahir, jaunir, offrir, gémir, souffrir, confondre, remplir, rendre, lire, subir.

407 ★★★ **Écris les verbes entre parenthèses au présent de l'indicatif.**

Ex. : Il (*vérifier*) ses pneus. → Il vérifi**e** ses pneus.

Cette voiture (*réagir*) mal aux défauts de la route. • Le professeur nous (*donner*) des leçons de judo. • Avec le soleil, ces fruits (*mûrir*) trop vite. • Ma tante (*vernir*) la table de la terrasse. • On (*commencer*) un nouveau travail demain matin.

408 ★★★ **Même consigne.**

Frédéric (*regarder*) trop la télévision et il (*oublier*) souvent ses livres. • Vous (*garantir*) votre réparation ? • Je (*saisir*) la chance que vous me (*donner*), j'(*accepter*) votre offre et je vous en (*remercier*). • Nous (*unir*) nos efforts pour gagner la coupe. • Mon grand frère (*étudier*) l'anglais et (*réussir*) bien en maths.

EN SAVOIR DAVANTAGE *Le verbe* aller *n'a pas les mêmes terminaisons que les autres verbes qui se terminent par* **-er** : je vais, tu vas, il va, nous allons, vous allez, ils vont. *Pour cette raison, on dit que c'est un verbe irrégulier.*

P

Présent de l'indicatif (2)

3e groupe

conjugaison

Le présent peut être utilisé pour indiquer une habitude. Ex. : Chaque matin, **on prend** des céréales au petit déjeuner. **Je pars** pour l'école à huit heures.

Au singulier, il y a deux terminaisons possibles :

– les verbes qui ont leur infinitif en –ir, –oir, –re se terminent par : je –s, tu –s, il –t.

courir :	savoir :	écrire :
je cours	je sais	j'écris
tu cours	tu sais	tu écris
il, elle, on court	il, elle, on sait	il, elle, on écrit

Remarque. Les verbes *ouvrir*, *couvrir*, *souffrir*, *offrir*, *cueillir* se conjuguent comme des verbes terminés par –er : *j'ouvre*, *tu ouvres*, *il ouvre*.

– les verbes en –dre se terminent par : je –ds, tu –ds, il –d.

prendre :	répondre :
je prends	je réponds
tu prends	tu réponds
il, elle, on prend	il, elle, on répond

Au pluriel, les terminaisons sont les mêmes pour tous les verbes : nous –ons, vous –ez, ils –ent.

courir :	savoir :	prendre :
nous courons	nous savons	nous prenons
vous courez	vous savez	vous prenez
ils, elles courent	ils, elles savent	ils, elles prennent

409 ★ **Complète par le verbe courir au présent.**

Ex. : nous ... → nous **courons**.

vous ...	elles ...	ils ...	il ...	Maryse ...
tu ...	je ...	on ...	elle ...	les gens ...

410 ★ **Ajoute un pronom personnel pour chaque verbe.**

Ex. : ... lis → **tu** lis.

... prends, ... entend, ... vendez, ... comprennent, ... voit, ... relisez, ... reviens, ... mentent, ... dormons, ... réponds.

411 ★ **Complète par le verbe écrire au présent.**

Ex. : tu ... → tu **écris**.

elles ...	on ...	elle ...	il ...	tes enfants ...
j' ...	vous ...	nous ...	ils ...	Laurent ...

412 ★ **Complète par le verbe prendre au présent.**

Ex. : elle ... → elle **prend**.

ils ...	tu ...	vous ...	je ...	Maxime ...
il ...	nous ...	on ...	elles ...	ses neveux ...

413 ★★ **Complète par la bonne terminaison du présent.**

Ex. : Vous compren... la leçon ? → Vous compren**ez** la leçon ?

Ils perd... leur temps. • Il refai... son devoir. • Je lui écri... un message. • Tu atten... le train ? • Elles apprenn... une poésie. • Vous conduis... un bus. • Elle recou... un bouton. • Nous cour... dans le couloir. • Cette rose sen... bon. • On lui offr... des fleurs.

414 ★★ **Parmi ces verbes, trouve les dix qui ont les mêmes terminaisons que courir.**

voir, comprendre, dormir, construire, étendre, accourir, recouvrir, mordre, conduire, reprendre, lire, parcourir, offrir, recevoir, moudre, savoir, souffrir, tordre, servir, surprendre.

415 ★★★ **Écris ces phrases en mettant les verbes entre parenthèses au présent de l'indicatif.**

Ex. : Elles (*partir*) en courant. → Elles **partent** en courant.

La police (*poursuivre*) un voleur qui s'enfuit. • Tu (*souffrir*) de la cheville ? • Ces chiens ne (*mordre*) pas. • Les deux garnements (*se battre*). • Elle (*devenir*) raisonnable. • Je (*boire*) un verre d'eau fraîche. • Tu (*découvrir*) la région ? • Le garçon nous (*servir*) un poisson que je ne (*connaître*) pas. • Je (*mettre*) le couvert.

EN SAVOIR DAVANTAGE *Parmi les verbes en* –dre, *certains se terminent par* –**indre** *ou* –**soudre**. *Ils se conjuguent comme le verbe* courir. *Ainsi, on écrit :* je crains le froid (*verbe* cra**indre**), je résous un problème (*verbe* ré**soudre**), *mais* je couds (*verbe* coudre, *qui ne se termine pas par* –soudre).

P

Pronom

grammaire

Dans une phrase, certains mots prennent la place d'autres mots et les remplacent : ce sont les pronoms.

Le pronom remplace un nom ou un groupe du nom.

Je chante.	Elles chantent.	Ils les écoutent.
moi, Léa	les filles	les garçons écoutent **les filles**

Il faut toujours savoir ce que représente chaque pronom. Son orthographe et celle d'autres mots peuvent en dépendre.

Nathalie est revenue.	Les filles sont revenues.
Elle est revenue.	Elles sont revenues.
pronom féminin singulier	pronom féminin pluriel

Un pronom est un mot. Il est donc toujours séparé du mot suivant par un blanc ou par une apostrophe.

Je parle.	J'écoute.	Je t'écoute.
pronom **je**	pronom **je**	pronom **te** (= toi)

416 ★ **Remplace les noms en *italique* par il, elle, ils ou elles.**

Ex. : *Le soleil* s'est levé. → Il s'est levé.

Sébastien s'est douché. • *La voiture* a stoppé. • *La terre* a tremblé. • *Les chiens* aboient. • *L'image* est déchirée. • *La cloche* sonne l'heure. • *Le chat* joue avec la balle. • *Le tigre* avance à pas lents. • *Ses progrès* sont importants. • *Les taupes* ont abîmé la pelouse.

417 ★ **Écris ces mots en séparant le verbe de son pronom.**

Ex. : Jécoute. → J'écoute.

Ilselave.	Tuapproches.	Jécris.	Elledansait.	Jai soif.
Jesaute.	Ondormira.	Jétais là.	Ilssavent.	Ila faim.

418 ★★ **Écris en séparant les mots.**

Ex. : Iltécoute. → Il t'écoute.

Elletattend.	Vousmeparlez ?	Illeurparle.	Ellestecroient.
Onlentend.	Elleleregarde.	Illesavus.	Vousnousgênez.
Jelapporte.	Tulaconnais ?		

419 ★★ **Quel groupe du nom remplace chaque pronom en *italique* ?**

Ex. : La pluie tomba toute la journée et (*elle*) s'arrêta seulement vers minuit.
→ **elle : la pluie**.

L'avion décolla, puis (*il*) prit de l'altitude. • Lise regarda ses filles et (*leur*) fit signe de s'asseoir. • Le chat se précipita sur la souris et (*lui*) posa la patte dessus. • La moto ralentit d'abord, puis (*elle*) s'arrêta. • Kevin se brosse les dents et (*les*) admire dans le miroir.

420 ★★ **Imagine un groupe du nom qui peut remplacer chaque pronom en *italique*.**

Ex. : (*Ils*) n'arrêtent pas de piailler. → **Les oiseaux** n'arrêtent pas de piailler.

(*Il*) souffle si fort qu'il va arracher le store. • (*Elles*) se brisent contre les falaises. • La nuit, je (*les*) entends souvent hurler à la lune. • Charles (*leur*) a montré son permis de conduire. • Bernard (*lui*) fait confiance pour réparer sa voiture.

421 ★★★ **Dans chaque phrase, il y a un pronom. Ce n'est jamais le même. Trouve-le !**

Veux-tu porter cette bague ? • Michèle la met à son doigt. • Christophe leur écrit souvent. • Mes parents les ont invités pour Noël. • Roger te reproche ta paresse. • Comme on est bien dans ce fauteuil ! • Je trouve que la chaleur est pénible. • Est-ce que vous viendrez ? • Le vétérinaire le soigne bien. • Ne me dis pas que la caméra est cassée !

422 ★★★ **Trouve les dix pronoms de ce texte.**

Caroline et Jérémy courent dans le pré. Ils arrivent près d'un prunier. « Si on le secouait pour faire tomber les fruits mûrs ? » propose Jérémy à sa cousine. Bien sûr, elle est d'accord ! Ils tapent aussitôt sur l'arbre et le secouent si fort que des dizaines de prunes leur tombent sur la tête. Ils rient de bon cœur et ils vont chercher un panier pour les ramasser.

EN SAVOIR DAVANTAGE *Il y a des pronoms qui ne remplacent rien, personne :* il pleut, il faut. *On les appelle des pronoms* **impersonnels**. *Ils sont toujours à la 3e personne du singulier.*

Q

quel(s), quelle(s) ou qu'elle(s)

homophones grammaticaux

Quel, **quelle** ou **qu'elle** se prononcent de la même façon, qu'il s'agisse d'un mot (quel, quelle) ou de deux mots (qu'elle).

► quel accompagne un nom et s'accorde avec lui.

Quel beau vélo ! **un** beau vélo (masculin singulier)	Quelle belle voiture ! **une** belle voiture (féminin singulier)
Quels beaux vélos ! **des** beaux vélos (masculin pluriel)	Quelles belles voitures ! **des** belles voitures (féminin pluriel)

► Au singulier, qu'elle est formé de que et du pronom sujet elle suivi d'un verbe. Au pluriel, on écrit qu'elles.

Je veux qu'elle gagne. **elle** gagne	J'espère qu'elles seront les meilleures. **elles** seront les meilleures

423 ★★ **Remplace le *déterminant* par quel, quels, quelle ou quelles, puis ajoute une majuscule, et un point d'exclamation ou d'interrogation.**

Ex. : *une* histoire → **Quelle** histoire ! ou **Quelle** histoire ?

un pantalon	*une* robe	*un* chapeau	*des* boutons	*des* tapis
une table	*des* lits	*une* nappe	*des* chaises	*des* cravates

424 ★★ **Même consigne.**

ses tortues	*mon* chien	*ta* chatte	*les* souris	*leurs* chèvres
cet endroit	*vos* soucis	*ma* vie	*cette* route	*ces* chemins

425 ★★★ **Écris ces phrases en mettant les sujets il ou ils au féminin.**

Ex. : Je crois qu'*il* dit un mensonge. → Je crois **qu'elle** dit un mensonge.

Je voudrais qu'*il* réponde. • L'argent qu'*ils* gagnent est bien mérité. • L'histoire qu'*il* raconte est vraie. • On dit qu'*il* pleure souvent. • J'aimerais qu'*il* m'écrive. • La voiture qu'*ils* ont réparée est prête. • Qu'*ils* entrent ! • Tu voulais qu'*il* reste ? • Il faut qu'*ils* arrêtent de crier. • Le trésor qu'*ils* cachent n'est pas à eux.

EN SAVOIR DAVANTAGE Quel *est parfois suivi du verbe* être : Quel est ce vélo ? *(= quel vélo est-ce ?)*, Quelle est ton adresse *(= quelle adresse est la tienne ?)*.

s ou ss
dans les mots

orthographe d'usage

Dans les mots, la lettre s se prononce « s » ou « z ».

Le son « s » s'écrit le plus souvent avec la lettre s. On met deux s quand il est entre deux voyelles. Quand il y a une seule voyelle, un seul s suffit.

une brosse o e	une glissade i a	une pensée n é	une pastille a t

Le son « z » s'écrit très souvent avec la lettre s. Au début d'un mot, il s'écrit toujours avec la lettre z.

une rose ose	une valise ise	un lézard za	un zèbre zè

426 ★ **Complète ces mots par s ou par ss.**

une chai…e, la mou…e, un in…ecte, une boi…on, une sai…on, un pou…in, une excu…e, un men…onge, une ceri…e, une ta…e, une égli…e, une cla…e, une mai…on, un poi…on, un maga…in, une cour…e, une cui…ine, une aver…e, un bui…on, une per…onne.

427 ★★ **Complète ces expressions par s, ss ou z.**

une gro…e cai…e, la mu…ique cla…ique, des chau…ures u…ées, une mauvai…e surpri…e, un …oo immen…e, po…er un va…e, de…iner un pay…age, pou…er un chariot de provi…ions, écouter un pin…on et un ro…ignol, une tondeu…e à ga…on.

428 ★★★ **Écris les verbes qui correspondent à ces noms.**

Ex. : une glissade → glisser.

un passage, la chasse, la désobéissance, une cassure, un visiteur, le repos, le dressage, un présentoir, une caresse, un croisement.

EN SAVOIR DAVANTAGE *La lettre* s *est très utilisée. Elle sert aussi à marquer le pluriel :* ils, elles ; les chats. *Elle est encore employée comme terminaison dans la conjugaison des verbes :* je vois, tu regardes, nous écoutons.

S

son ou **sont**

homophones grammaticaux

Son est un déterminant qui fait partie du groupe du nom, tandis que **sont** est le verbe **être**.

son exprime l'idée de possession. Il accompagne toujours un nom au singulier, comme *ma, ta, sa, mon* et *ton*.

Elle a mis son bonnet. C'est son écharpe.
le sien la sienne

sont est le verbe être à la 3e personne du pluriel du présent. sont peut aussi être conjugué avec un verbe.

À l'imparfait, sont devient étaient.

Elles sont rouges. Ils sont partis.
être rouges être partis
elles **étaient** rouges ils **étaient** partis

429 ★ **Remplace un, le ou une par son.**

une école, un poney, le nez, un cahier, le regard, une idée, le linge, un jouet, le bec, une image.

430 ★★ **Complète par son ou par sont.**

Elle a manqué … train. • Nos cousins … venus hier. • Il a quitté … pays. • Ils … nombreux. • … fils est ingénieur. • Qui … ces gens ? • Ils … assis sur un banc. • Juin est … mois préféré. • C'est … nouveau professeur. • Ces bêtes … très laides.

431 ★★★ **Remplace étaient et son sujet par ils sont ou elles sont.**

Ex. : Ses cousins étaient contents. → **Ils sont** contents.

Les boutons étaient tous cassés. • Mes sœurs étaient jolies. • Les filles étaient perdues dans la foule. • Les boîtes étaient vides. • Des papillons étaient posés sur la fleur. • Les classes étaient allées au musée. • Leurs vélos étaient tout neufs. • Les rosiers étaient en fleur. • Mes bottes étaient sales. • Les singes étaient bien dressés.

EN SAVOIR DAVANTAGE *Au passé composé, certains verbes se conjuguent avec* **être** : Ils sont venus *(venir)*, elles sont allées *(aller)*. *On dit alors que* être *est* un auxiliaire.

Sujet - Verbe

Le sujet est le mot ou le groupe de mots qui répond à la question « qui est-ce qui ? » ou à la question « qu'est-ce qui ? ». Ex. : Les enfants rangent les livres. → Qui est-ce qui range ? Les enfants.

Le verbe s'accorde toujours avec son sujet. Si le sujet est au singulier, le verbe est au singulier. Si le sujet est au pluriel, le verbe est au pluriel.

Son grand frère joue du violon. Ses sœurs apprennent le piano.
1 → singulier 2 ou + → pluriel

Quand il a deux sujets au singulier, le verbe est au pluriel.

Son frère et sa sœur jouent de la guitare.
1 + 1 = 2 → pluriel

Le sujet peut être séparé du verbe par d'autres mots.

La fille des voisins joue de la harpe.
c'est la fille qui joue

432 ★ **Relie chaque sujet au bon verbe. Écris les phrases obtenues.**

Ex. : les enfants + passent → Les enfants passent.

les enfants		le chat	
une personne	passe	les chiens	dort
les gens		son frère	
ton copain	passent	mes amis	dorment
des gardes		son bébé	
un voisin			

433 ★ **Ajoute un pronom personnel qui peut être le sujet de ces verbes, puis écris les phrases obtenues.**

Ex. : … aident leur ami. → **Ils** aident leur ami. (Ou : **Elles** aident leur ami.)

… rient très fort.
… penses à moi.
… commence tôt.
… écoutez la radio.
… regardent un film.

… sonne à la porte.
… soignent des animaux.
… promènes le chien.
… ouvre la fenêtre.
… préparons les vacances.

434 ★★ **Complète en choisissant le bon verbe entre parenthèses.**

Ex. : Les touristes (*visite, visitent*) le parc. → Les touristes **visitent** le parc.

Pauline et Margaux (*écoute, écoutent*) de la musique. • Le gardien (*monte, montent*) l'escalier en courant tandis que les voisins (*téléphone, téléphonent*) aux pompiers. • Cette fête (*attire, attirent*) beaucoup de monde. • Les déménageurs (*vide, vident*) le grenier.

Tu (cries - crie) trop fort. Les étoiles (brilles - brillent) ds le ciel.

435 ★★ **Trace toutes les flèches possibles entre les sujets et les verbes, puis écris les phrases que tu obtiens.**

Les enfants du voisin	travaille.
Antoine et Jean	travaillent.
Le dresseur des fauves	ne joue pas.
Alexandre	ne jouent pas.
Claire et Julie	

436 ★★ **Accorde chaque verbe avec son sujet.**

Le vautour et la hyène nettoi… la brousse. • Ce chat n'attrap… pas les souris. • Les éléphants piétin… la végétation. • Des singes s'amus… à tirer la langue aux passants. • Les deux femmes se tourn… le dos et s'éloign… en grognant. • Isabelle et Gérard mont… dans leur voiture. • Deux oiseaux siffl… dans les arbres. • Les gagnants pleur… de joie. • Tom et Léo se lav… bien les dents.

437 ★★★ **Même consigne.**

Le marchand de fleurs sold… ses roses un euro. • Les livreurs du magasin emport… les colis. • Les avions de notre compagnie se pos… par tous les temps. • La vitesse des véhicules caus… des accidents. • Le jardinier du parc arros… la pelouse. • Le voyage de ses rêves l'emmèn… à Venise. • Les parents de Luc ferm… leur garage. • Les neveux de Marie promèn… le chien. • La farce de ces polissons amus… grand-père. • Paul et Jules install… des rayons.

EN SAVOIR DAVANTAGE *Avec* c'est moi qui, c'est toi qui, c'est lui qui, *le verbe s'accorde comme avec* je, tu *ou* il : **c'est moi qui** prendrai le sac *(= je prendrai)*, **c'est toi qui** porteras la valise *(= tu porteras)*, **c'est lui qui** lavera la voiture *(= il lavera)*.

Syllabes

orthographe d'usage

Une syllabe est un groupe de sons que l'on dit ensemble lorsqu'on articule lentement, comme dans une comptine : u-ne-sou-ris-ver-te…

Les mots peuvent se couper en syllabes. Quand il y a une consonne double, on coupe entre les deux consonnes.

chat	jouons	apporter	nourriture
chat	jou-ons	ap-por-ter	nour-ri-tu-re
1 syllabe	2 syllabes	3 syllabes	4 syllabes

À la fin d'une ligne, quand un mot ne tient pas, on le coupe entre deux syllabes et on ajoute un tiret.

Le mois dernier, il a com- mencé à construire sa mai-	son. Elle se trouve sur la col- line, au nord du village.

438 ★ **Écris ces mots en attachant les syllabes.**

par-tir, une le-çon, mé-lan-ger, la con-fi-tu-re, un zè-bre, un bal-con, un bu-reau, une sur-pri-se, se pro-me-ner, une au-to-mo-bi-le.

439 ★ **Coupe les mots suivants en syllabes.**

Ex. : un chapeau → un cha-peau.

le souper, un magasin, mercredi, une pharmacie, une place, une épingle, proprement, s'envoler, un phoque, le capitaine.

440 ★★ **Même consigne. Attention aux consonnes doubles !**

se nourrir, une virgule, échapper, une multiplication, un glaçon, une sonnerie, la fatigue, les poissons, la grammaire, défendre.

441 ★★ **En changeant de ligne, Sophie et Victor ont dû couper des mots. Corrige s'ils se sont trompés.**

Mots coupés par Sophie : leur ba-llon ; la récré-ation ; je suis ren-trée ; dans la cla-sse ; avec le maî-tre.

Mots coupés par Victor : des patins à roulet-tes ; on a a-pporté ; ils jou-aient ; des vo-itures ; une cam-éra.

EN SAVOIR DAVANTAGE *Une consonne suivie de* r *ou de* l *est toujours dans la même syllabe que* r *ou* l : en-trée *(et non ent-rée)*, ta-ble *(et non tab-le)*.

T

Temps des verbes

conjugaison

Le verbe change suivant le temps auquel il est conjugué.

Si l'action se passe en ce moment, le verbe est au présent.

En ce moment, je fais un exercice.
verbe faire au **présent**

Si l'action a déjà eu lieu, le verbe est à un temps du passé.

Quand j'étais petit, je jouais toute la journée.
verbe jouer, à un **temps du passé** (imparfait)

Hier soir, je suis allé au cinéma.
verbe aller, à un **temps du passé** (passé composé)

Quand l'action aura lieu plus tard, le verbe est au futur.

Plus tard, je serai pilote.
verbe être, au **futur**

442 ★ **Pour chaque phrase, dis si l'action a eu lieu dans le passé ou si elle aura lieu dans le futur.**

Ex. : La semaine prochaine, nous irons au théâtre. → futur.

Hier soir, j'ai lu dans mon lit. • L'an prochain, je prendrai des cours de judo. • Dimanche, nous fêterons mon anniversaire. • Samedi, nous sortirons tous ensemble. • Ce matin, j'ai lavé la voiture.

443 ★★ **Pour chaque phrase, dis si l'action se passe dans le présent, dans le passé ou dans le futur.**

Pour Noël, il aura un robot. • La chatte miaule derrière la porte. • Mardi prochain, nous irons à la piscine. • J'attache mon casque. • Hier, nous avons rencontré nos anciens voisins. • Mes parents ont choisi une nouvelle voiture. • Plus tard, il sera moniteur de ski. • Dans trois ans, vous irez au collège. • L'an dernier, nous avions campé dans les Landes. • J'entends les cloches sonner.

EN SAVOIR DAVANTAGE *Il y a plusieurs temps pour désigner le passé. Le passé composé et l'imparfait sont les plus employés, mais il y en a d'autres, par exemple le passé simple qui est le temps utilisé dans les contes.*

tout, tous, toute, toutes

homophones grammaticaux

Tout peut être adjectif, pronom ou même adverbe.

► **Lorsque tout est placé avant le groupe du nom, il s'accorde avec ce nom. Il peut s'écrire : tout, tous, toute ou toutes.**

tout le jour masculin singulier	toute la journée féminin singulier
tous les jours masculin pluriel	toutes les nuits féminin pluriel

► **tous et toutes peuvent remplacer un nom au pluriel.**

Ils sont tous arrivés. eux tous	Elles sont toutes arrivées. elles toutes

444 ★★ **Souligne les groupes du nom qui vont avec tout, tous, toute et toutes. Écris s'ils sont masculin ou féminin, singulier ou pluriel.**

Ex. : On se lave tous les jours. → On se lave **tous** les jours (masculin pluriel).

On pique-nique tous les dimanches. • Toutes les semaines, on va à la piscine. • L'orage a grondé toute la nuit. • Il aime tous les fruits, sauf les bananes. • Il faut écrire tous vos prénoms.

445 ★★ **Complète ces expressions par tout, tous, toute ou toutes.**

… les copains	… le cirque	… les réunions	… mes feuilles
… ma famille	… sa liste	… les poissons	… mon carnet
… les ballons	… la partie		

446 ★★★ **Complète ces phrases par tout, tous, toute ou toutes.**

… les produits sont étiquetés. • Ils ont … fait la course. • Peux-tu faire … ce travail ? • On a rincé … les assiettes. • … les compteurs ont gelé. • Elles ont … réussi l'examen. • Ils ne sont pas … venus. • … les journaux en parlent. • Il a lavé … les voitures. • On a mangé … la confiture.

EN SAVOIR DAVANTAGE *En général, lorsque* **tout** *signifie* complètement, très, *il est invariable :* des vélos tout neufs *(complètement neufs).*

Verbe

grammaire

Les verbes sont des mots qui servent à dire ce qui se passe autour de nous, ce que font les personnes, les animaux, les choses. Ex. : Le train **s'arrête**, les voyageurs **descendent**.

Le verbe est le mot le plus important de la phrase. Il dit ce qui se passe, ce que l'on fait.

Elle **regarde** la télévision.	Il **dort** sur le canapé.
verbe action de regarder	**verbe** action de dormir

Le verbe se conjugue. Il porte les terminaisons de la conjugaison. Il indique qui fait quelque chose et à quel moment. On dit qu'il varie en fonction de la personne et du temps.

Ma sœur **regardait** un film.	Ce soir, je **lirai** un livre.
verbe **regarder** 3e personne du singulier Temps : **passé** (imparfait)	verbe **lire** 1re personne du singulier Temps : **futur**

447 ★ **Souligne les verbes de ces phrases.**

Ex. : La neige tombe. → La neige tombe.

Le vendeur ouvre la porte.
Les voyageurs attendent.
Cet enfant pleure souvent.
Le livreur apporte un colis.
Le tonnerre gronde au loin.
Le camion roule lentement.
Ma voisine promène son chien.
Les joueurs quittent leur maillot.
Un hérisson traverse la route.
Les soldats aident les réfugiés.

448 ★ **Parmi ces mots, quels sont les verbes ?**

Ex. : joli, dormir, le canapé → **dormir**.

arriver, chercher, une armoire, rentrer, naturel, une orange, monter, passer, une commode, regarder, grand, un escalier, aimer, dernier, revenir, un garçon, commencer, demain, répondre, les vacances.

449 ★★ **Souligne les verbes qui sont dans ces phrases.**

Les grandes personnes reçoivent beaucoup de courrier. • Des gens couraient sur le quai de la gare. • La Lune tourne autour de la Terre. • Des chiens suivaient la piste du gibier. • Sa grande sœur écrit des poèmes. • Les enfants dormiront à l'arrière de la voiture. • Le joueur frappe dans la balle de toutes ses forces. • Mes grands-parents habitaient à deux rues d'ici. • Je vous souhaite beaucoup de bonheur cette année. • Mon oncle possède une petite maison à la campagne.

450 ★★ **Trouve le verbe qui correspond à chaque nom.**

Ex. : une promenade → **se promener**.

un rêve	une visite	une place	une marche
le tir	le lavage	une lance	un garde
une forme	le dressage	une glissade	un voleur
une attache	un dégagement	une annonce	la trace
la soupe	une moquerie	une boisson	une marque

451 ★★ **Trouve le verbe qui correspond à chaque adjectif.**

Ex. : gros → **grossir**.

grand	vide	froid	mort	sale
content	maigre	blanc	dur	sec

452 ★★★ **Souligne les vingt verbes qui sont dans ce texte. Écris leurs infinitifs.**

Ex. : Quand je lance un jouet… → Quand je lance (lancer) un jouet.

Quand je lance un jouet à mon chien, il part aussitôt, court, prend l'objet dans sa gueule et revient vers moi comme s'il m'obéissait. Tu crois qu'il me le rapporte ? Pas du tout ! Dès qu'il arrive à trois mètres de moi, il s'arrête. Il penche la tête et me regarde droit dans les yeux comme s'il me disait : « Allez ! Viens ! Approche ! Prends-le si tu peux ! » Et dès que je fais un pas dans sa direction, il détale et disparaît derrière la maison.

EN SAVOIR DAVANTAGE *La plupart des verbes sont comme les films et montrent des actions :* courir, manger, réfléchir… *Quelques verbes sont plutôt comme des photos qui montrent les choses comme elles sont à un moment donné. On dit que ce sont des verbes d'état :* être, paraître, devenir, rester, sembler, demeurer.

Verbes et noms
de même prononciation

Un nom et un verbe conjugué peuvent se prononcer de la même façon tout en ayant une orthographe différente. Ex. : un cri, il crie.

► **La terminaison d'un verbe conjugué s'écrit avec des lettres qui dépendent de l'infinitif, du temps et de la personne.**

je plie, tu plies, il plie, ils plient une feuille de papier
verbe **plier** au présent de l'indicatif

► **Un nom est toujours masculin ou féminin. Il peut se terminer par un s qui marque le pluriel.**

le pli du pantalon — masculin singulier
une jupe qui a des plis — masculin pluriel

453 ★★ **Ajoute le, la, les ou des avant les noms, et un pronom personnel (je, tu, il, ils…) avant les verbes.**

Ex. : … cri du paon, … calculent → **le** cri du paon, **ils** (ou **elles**) calculent.

… volent très haut. • J'aime … calcul mental. • Donne-moi … conseils. • … oublie mon livre. • On a … clous tout rouillés. • … troue une planche. • Utilise … balai. • … trie le courrier. • … décores la classe. • … réveil a sonné.

454 ★★★ **Complète ce tableau avec des noms et des verbes qui ont la même prononciation.**

Infinitifs	*Verbes au présent*	*Noms correspondants*
plier	je plie	un pli
copier	tu …	une …
se marier	elle …	son …
envoyer	il …	un …
travailler	je …	le …
crier	ils …	des …

EN SAVOIR DAVANTAGE *Si deux mots ont la même prononciation, on dit qu'ils sont homo***phones** *(homo = même, phone =* **son***). En français, beaucoup de petits mots sont homophones :* ou *et* où, on *et* ont, ce *et* se, son *et* sont, *etc.*

voir

Le verbe **voir** est un verbe irrégulier.

Le i du verbe voir se change en y à toutes les personnes de l'imparfait et à deux personnes du présent (nous, vous). Au futur, le verbe voir s'écrit avec deux r.

présent	imparfait	futur
En ce moment...	*Il y a longtemps...*	*Demain...*
je vois	je voyais	je verrai
tu vois	tu voyais	tu verras
il, elle, on voit	il, elle, on voyait	il, elle, on verra
nous voyons	nous voyions	nous verrons
vous voyez	vous voyiez	vous verrez
ils, elles voient	ils, elles voyaient	ils, elles verront

passé composé (sujet masculin ou féminin)
Hier...

j'ai vu	nous avons vu
tu as vu	vous avez vu
il, elle, on a vu	ils, elles ont vu

455 ★ **Complète par le verbe voir au présent.**

Ex. : Elles … un bus qui arrive. → Elles **voient** un bus qui arrive.

On … la lune se lever. Est-ce que tu la … ? • Est-ce que vous … bien ? • Il … mal de l'œil droit. • Nous les … arriver.

456 ★ **Complète par le verbe voir au passé composé.**

Ex. : Vous … un film, hier soir ? → Vous **avez vu** un film, hier soir ?

On … ton nom sur la liste. • Tu … Julie, ces jours-ci ? • Elle … le voleur qui se sauvait. • J' … l'accident à la télévision. • Nous … un spectacle de marionnettes.

457 ★★ **Complète par le verbe voir à l'imparfait ou au futur.**

Je te … demain. • Autrefois, elle le … souvent. • Je ne sais pas, nous … . • Quand l'opération sera terminée, est-ce qu'il … bien ? • Quand nous habitions Paris, nous le … très peu.

EN SAVOIR DAVANTAGE *Au présent, le verbe* voir *s'écrit :* je vois, tu vois, il voit, ils voient. *Il a alors deux homonymes :* la voix *(du chanteur) et* la voie *(ferrée).*

X

x et ex
dans les mots

orthographe d'usage

x est la seule lettre qui peut représenter deux sons qui se suivent.

Dans les mots, la lettre x se prononce « ks ».

un taxi	un boxeur	un auxiliaire
« ks »	« ks »	« ks »

Remarque : dans les nombres, x se prononce « s » (six) ou « z » (sixième).

Quand un mot commence par ex, la lettre x se prononce « ks » avant une consonne et « gz » avant une voyelle.

expliquer	un exemple
ex + consonne « èks »	**ex** + voyelle « ègz »

La lettre x est muette si elle ne correspond pas à un son du mot.

nuageux	un jeu, des jeux	pouvoir : je peux
dernière lettre d'un adjectif	pluriel d'un nom	terminaison d'un verbe

458 ★ **Quels sont les cinq mots qui ont perdu leur x ? Écris-les.**

Ex. : la po…te, la bo…e → la poste, la **boxe**.

l'e…pace, un ca…que, un e…calier, une e…plication, un bo…eur, un e…cargot, un ta…i, e…calader, fi…er, l'e…térieur.

459 ★★ **Quels sont les mots où x se prononce « ks » ? Écris-les.**

Ex. : six, une noix, un taxi → un **taxi**.

le prix, le luxe, le dixième, l'index, soixante, des taxes, dix-huit, vexé, joyeux, un texte.

460 ★★★ **Écris ces mots en deux groupes : ceux qui commencent par « èks » et ceux qui commencent par « ègz ».**

une excuse, un examen, une explosion, exagéré, exactement, une excursion, un exemple, exprès, un exercice, une expérience.

EN SAVOIR DAVANTAGE *Dans certains mots, le son « ks » s'écrit avec* **cc** *:* une coccinelle, un accident, accepter, un accent…

y dans les mots

orthographe d'usage

La lettre y correspond en général à **un double i**. Parfois, elle remplace simplement un i.

► **Après a, o, u, la lettre y correspond en général à deux i. Les mots avec ay, oy ou uy ont souvent un mot qui contient ai, oi ou ui dans leur famille.**

un crayon	envoyer	appuyer
crai.ion	envoi.ier	appui.ier
une craie	un envoi	un appui

► **Dans certains mots, on trouve y à la place de la lettre i.**

un pyjama	un stylo	la gymnastique
i	i	i

461 ★ **Écris les cinq mots qui ont ay, oy et uy.**

un balayeur, un savon, un voyageur, un laveur, le yoga, une voyelle, voguer, un tuyau, truquer, une rayure.

462 ★★ **Trouve les dix mots où y se prononce « i », comme dans lit.**

Ex. : un pyjama, un rayon → un **pyjama**.

une syllabe, un mystère, la bruyère, un stylo, une pyramide, sympathique, le jury, bruyant, un cyclone, un lycée, une noyade, un cygne, un syndicat, la gymnastique, foudroyer, un système.

463 ★★★ **Complète par ay ou ai, oy ou oi, uy ou ui.**

Ex. : renvoyer → un renv… → un **renvoi**.

un employé	→	un empl…	ess…er	→	un essai
joyeux	→	la j…e	envoyer	→	un env…
un n…er	→	une noix	r…al	→	le roi
un cr…on	→	une craie	s'enn…er	→	un ennui
une balayette	→	un bal…	appuyer	→	un app…

EN SAVOIR DAVANTAGE *La lettre* y *est une lettre difficile. Dans* pays, *elle représente bien* **deux i** *: on prononce « pai-i ». Mais dans* mayonnaise *ou dans* coyotte, *elle en représente un seul : « ma-io-nèz », « co-iot ».*

y dans les verbes conjugués

Un y apparaît dans la conjugaison de certains verbes qui n'ont pourtant pas de y dans leur infinitif.

Des verbes comme croire, voir, fuir, s'asseoir, soustraire, peuvent avoir un y quand on les conjugue. Quand la terminaison commence par la lettre i, on écrit yi.

présent de l'indicatif	imparfait de l'indicatif	impératif présent
je crois	je croyais	
tu crois	tu croyais	crois
il, elle, on croit	il, elle, on croyait	
nous croyons	nous croyions	croyons
vous croyez	vous croyiez	croyez
ils, elles croient	ils, elles croyaient	

464 ★★ **Écris les verbes entre parenthèses au présent de l'indicatif.**

Ex. : Vous (*croire*) qu'il travaille bien ? → Vous **croyez** qu'il travaille bien ?

Vous (*voir*) la tour Eiffel de chez vous. • Nous (*croire*) qu'il est parti. • Où (*fuir*)-vous si vite ? • Nous (*revoir*) ce film avec plaisir. • Nous (*prévoir*) une tempête la nuit prochaine.

465 ★★★ **Écris les verbes entre parenthèses à l'imparfait.**

Ex. : Il (*prévoir*) la fin du monde. → Il **prévoyait** la fin du monde.

Je ne te (*voir*) pas dans ce brouillard ! • Ils (*croire*) tous que je serais venu. • En ce temps-là, le comptable (*s'asseoir*) le matin sur sa chaise, puis il additionnait et (*soustraire*) à longueur de journée. • Nous nous (*distraire*) en regardant la télévision.

466 ★★★ **Écris les verbes entre parenthèses au temps qui convient.**

Vous êtes les meilleurs, (*croire*)-moi ! • Et pendant trois ans, chaque fois qu'elle (*voir*) ou entendait notre chien, elle (*s'enfuir*) sans même sonner au portail. • (*Asseoir*)-nous autour de la table et travaillons. • Son grand-père (*traire*) encore les vaches à la main.

EN SAVOIR DAVANTAGE *Le verbe* s'asseoir *a deux conjugaisons : on peut dire* il s'assoit *ou* il s'assied, nous nous assoyons *ou* nous nous asseyons, je m'assoyais *ou* je m'asseyais.

Liste des règles

pages

Grammaire

Orthographe d'usage

Homophones grammaticaux

Accords

Conjugaison

Index

F

G

H

I

J

L

M

N

Références des ouvrages cités

• Page 9, exercice 13
Jeanine et Jean Guion
Ratus sur la route des vacances,
coll. Ratus Poche, éd. Hatier.

• Page 9, exercice 14
Max Heigy
Les pièges de la cité fantôme,
coll. Ratus Poche, éd. Hatier.

• Page 9, exercice 15
Frédéric Jaillant
Romain graine de champion,
coll. Ratus Poche, éd. Hatier.

• Page 13, exercice 32
Alphonse Daudet
La Chèvre de M. Seguin

• Page 123, exercice 391
Jeanine et Jean Guion
Ratus va chez le coiffeur,
coll. Ratus Poche, éd. Hatier.

• Page 123, exercice 392
Kathleen Griffin
Fluthdezut, un diable parmi nous,
coll. Ratus Poche, éd. Hatier.

Votre avis sur *Toute l'orthographe CE1-CE2* nous intéresse :

■ Q. 1. Cet ouvrage est utilisé par un enfant de quelle classe ?

CE1 ☐ CE2 ☐ Autre : ....

■ Q. 2. Où l'avez-vous acheté ?

Librairie ☐ Hypermarché ☐

Fnac / Virgin ☐ Autre : ....

■ Q. 3. Comment l'avez-vous choisi ?

(Cochez les cases correspondant à vos réponses)

1. L'enseignant de votre enfant le lui a prescrit. ☐
2. L'enseignant de votre enfant vous l'a conseillé. ☐
3. Un ami vous l'a conseillé. ☐
4. Un libraire ou un chef de rayon vous l'a conseillé. ☐
5. Vous l'avez choisi vous-même dans le rayon. ☐
6. Autre : ....

■ Q. 4. Pensez-vous que ces affirmations se vérifient ?

(Cochez les cases correspondant à vos réponses)	Oui	Non
1. Votre enfant l'utilise en classe et vous vouliez le même à la maison.	☐	☐
2. La présentation par ordre alphabétique vous a séduit.	☐	☐
3. L'ouvrage permet à votre enfant de remédier à ses lacunes.	☐	☐
4. L'ouvrage couvre plusieurs niveaux.	☐	☐
5. Votre enfant peut utiliser l'ouvrage et s'auto-corriger.	☐	☐
6. L'ouvrage vous permet d'aider votre enfant dans son apprentissage.	☐	☐

■ Q. 5 Comment l'utilisez-vous ?

De façon ponctuelle pour pallier une difficulté. ☐

De façon régulière pour s'entraîner. ☐

Autre : ....

■ Q. 6 Pour chaque point cité, êtes-vous satisfait ?

	Tout à fait	Assez	Peu	Pas du tout
1. Les leçons sont claires.	☐	☐	☐	☐
2. Les exemples aident à la compréhension de la leçon.	☐	☐	☐	☐
3. Les exercices illustrent bien la leçon.	☐	☐	☐	☐
4. Le niveau de difficulté des exercices est adapté à votre enfant.	☐	☐	☐	☐
5. Le cahier des corrigés est pratique.	☐	☐	☐	☐
6. L'index renvoie aux notions recherchées.	☐	☐	☐	☐
7. Le classement par ordre alphabétique est pratique.	☐	☐	☐	☐
8. La rubrique *En savoir davantage* apporte un plus à votre enfant.	☐	☐	☐	☐

■ **Q. 7.** Vous êtes : Un parent ☐ Un enseignant ☐

■ **Q. 8.** Remarques supplémentaires :

....

....

....

....

....

....

....

....

Si vous êtes parmi les 200 premiers à nous retourner ce questionnaire, vous recevrez en **cadeau** un exemplaire de notre nouvelle collection *Dis-moi* pour découvrir l'histoire et les sciences en s'amusant.

Merci de renvoyer ce questionnaire **avant le 31 août 2000** aux :

Éditions Hatier Service études
8, rue d'Assas
75278 Paris Cedex 06

Indiquez ci-après la tranche d'âge et la matière pour lesquelles vous souhaiteriez recevoir un exemplaire.

6-8 ans ☐ 8-12 ans ☐ Histoire ☐ Sciences ☐

Nom : .... Prénom : ....

Adresse : ....

....

Code postal : Ville : ....

Toute l'**orthographe** par ordre alphabétique

CE1, CE2

corrigés

P. 6-7 ■ **1.** *Tu as dû souligner **a** dans* : a appris, a l'air, a voulu aller, a dit. *Tu as dû entourer **à** dans* : **à** lire, **à** cinq ans, **à** la mairie, **à** midi, **à** la poste, **à** la fête. ■ **2.** Le chien **a** gardé. Le match **a** commencé. Le cirque **a** monté. Maman **a** lavé. Il **a** tout vérifié. ■ **3.** *Réponses libres. Par exemple* : à la boulangerie, à quatre heures, à mon professeur, à la fête de l'école, à moi, à ses cousines, à la montagne, à la droguerie, à mon nom, à la maison. ■ **4.** *Réponses libres. Par exemple* : Antoine a un joli petit nez. Il a les cheveux courts, etc. ■ **5.** **a** porté, **à** tante Sonia, s'est mise **à** travailler, **à** côté, le chat **a** guetté, il lui **a** sauté, il l'**a** croquée, **à** pied, on **a** écouté, **à** la radio. ■ **6.** avoir oublié, avoir peur (de tout), avoir dormi, avoir de la chance, avoir des yeux noirs, avoir appris, avoir lu, avoir des cheveux blonds, avoir la parole, avoir roulé. ■ **7.** **à** plat ventre, **a** attendu, **à** l'arrêt, on **a** eu, **à** le faire taire, **à** tout le monde, **a** disparu, **à** l'horizon, **a** réussi, **à** les sauver. ■ **8.** *Réponses libres. Par exemple* : Où êtes-vous allés en vacances ? À quelle heure déjeunes-tu ? Où as-tu appris à nager ? À qui le professeur a-t-il donné une punition ? Où fais-tu tes devoirs ?

P. 8-9 ■ **9.** **é**cole, chemin**ée**, ann**ée**, **é**pingle, **é**corce, fum**ée**, r**é**gime, m**é**lange, **é**pine, journ**ée**. ■ **10.** id**é**e, centim**è**tres, d**é**fauts, rivi**è**re, ch**è**vre, germes de bl**é**, mettre en col**è**re, soir**ée** agr**é**able, r**é**unir, tr**è**fle. ■ **11.** dernier **é**tage, grand-p**è**re, cong**é**, rester pr**è**s de sa m**è**re, pr**é**parer du caf**é**, lisi**è**re, derri**è**re, r**é**cr**é**ation, infirmi**è**re, **é**chelle. ■ **12.** p**ê**che, d**é**chir**é**, cr**ê**pe, vall**ée**, **ê**tre piqu**é** par une gu**ê**pe, **é**charpe, mettre un v**ê**tement, descendre au prochain arr**ê**t, rester à l'int**é**rieur, r**é**pondre au t**é**l**é**phone. ■ **13.** apr**è**s, kilom**è**tres, d**é**but, apr**è**s-midi, situ**é**, entr**ée**, rivi**è**re, côt**é**, d**é**cid**é**ment, grand-m**è**re. ■ **14.** fr**è**re, d**é**nuda, les extr**é**mit**é**s, m**è**tres, se prot**é**geant, extr**é**mit**é**, **é**tincelle, s'**é**teignirent, poign**ée**, **é**taient. ■ **15.** r**é**p**é**t**è**rent, r**è**gle, tr**è**s, n'**é**taient pas, ajust**é**s, Artur **é**tait, d**é**but, premi**è**res, comp**è**res, n'**é**tait pas encore.

P. 10-11 ■ **16.** jolie, droite, souriant, froid, solide, juteuse, jeune, déserte, longue, secs. ■ **17.** maigre, vieille, bavarde, gentille, jolie. ■ **18.** sale, noir, gros, peureux, affectueux. ■ **19.** beau, grand, léger, neuf, vert. ■ **20.** timide, généreux, fort, beau, heureux, joyeux, faible, raisonnable, prudent, fidèle. ■ **21.** barbu, menteur, content, instruit, lent, frisé, serviable, poilu, malin, charmant. ■ **22.** pointu, énorme, petit, rouillé, gros, cher, vieux, pratique, jaune, silencieux. ■ **23.** *Tu as dû souligner* : adhésif, solide, dur, blanc, belge, drôle, curieux, vieux, petite, fraîches. ■ **24.** vite, rapide, gros, mince, gentil, solide, grand, épais, souple, faible. ■ **25.** jaune, riche, petit, gros, proche, faible, noir, dur, lent, tendre.

P. 12-13 ■ **26.** une histoire amusante, des histoires amusantes, une petite fille, des petites filles, des petits garçons. ■ **27.** un garçon poli, des enfants polis, des gens polis, une voisine polie, des personnes polies ; des nuages noirs, une voiture noire, un cheval noir, des pierres noires, des cheveux noirs. ■ **28.** une tranche fin**e**, la marée bas**se**, la marée haut**e**, des verres propre**s**, des assiettes plat**es**, une maison isolé**e**, une bête furieu**se**, une porte ouvert**e**, des fenêtres fermé**es**, une lumière vi**ve**. ■ **29.** des stylos bleu**s**, des gens maigre**s**, les lois français**es**, de lourd**es** valises, une chatte curieu**se**, des joueurs jeune**s**, une chemise blanc**he**, des nuits très froid**es**, des chiens méchant**s**, une soupe trop chaud**e**. ■ **30.** Marie et Gaston sont blond**s** et frisé**s**. Paul et Gérard sont blond**s** et frisé**s**. Sylvie et Victor sont blond**s** et frisé**s**. Claire et Anne sont brun**es** et frisé**es**. Charles, Laure et Juliette sont blond**s** et frisé**s**. ■ **31.** draps neuf**s**, couverture et couette neu**ves**, table et buffet neuf**s**, verres et assiettes neuf**s**, roues et pneus neuf**s**. ■ **32.** elle était joli**e**, petit**e** chèvre, yeux doux, sabots noir**s**, luisant**s**, cornes zébré**es**, ses long**s** poils blanc**s**, docile, caressant**e**.

P. 14 ■ **33.** *Tu as dû souligner* : lentement, bientôt, presque, déjà, encore. ■ **34.** Elle sort quand il pleut. On répond à ses questions. Vous travaillez. Ils ont tourné avant de trouver la bonne rue. Il est revenu. ■ **35.** *Réponses libres. Par exemple* : Il court vite. Elle écrit bien. Tu dors profondément. Vous mangez trop. On a attendu longtemps.

P. 15 ■ **36.** Mots avec **ai** : Français, fraise, Anglais, balai, falaise. Mots avec **ei** : peine, seigle, treize, baleine, verveine. ■ **37.** la laine, la chaise, une punaise, un Irlandais, une caisse. ■ **38.** la neige, un peigne, la baleine, une veine, seize. ■ **39.** graisse et gras, graine et granulé, soustraire et soustraction, bain et se baigner, rabais et baisse.

P. 16 ■ **40.** une corbeille, une grenouille, une groseille, un chevreuil, une citrouille, un écureuil, un orteil, une médaille, une écaille, un appareil. ■ **41.** le trav**ail**, un écur**euil**, un dét**ail**, avoir somm**eil**, un tr**euil**, être en d**euil**, un vitr**ail**, un cons**eil**, un soupir**ail**, un épouvant**ail**. ■ **42.** des or**eille**s, un rév**eil**, une bat**aille**, le sol**eil**, une bout**eille**, un r**ail**, des vol**aille**s, le gouvern**ail**, une merv**eille**, une mur**aille**. ■ **43.** pa**ill**asson, le seu**il**, je (…) conse**ill**e, elle se débrou**ill**e, dér**aill**é, le fauteu**il**, rou**ill**é, c'est pare**il**, veu**ill**ez, il a fa**illi**.

P. 17 ■ **44.** tu vas, nous allons, elle va, je vais, vous allez. ■ **45.** il est allé, j'y suis allé (*ou* : allée), nous sommes allés (*ou* : allées), ils sont allés, tu es allé (*ou* : allée). ■ **46.** comment allez-vous ; je vais bien ; tu vas bien ; demain, il ira ; autrefois, vous alliez.

P. 18 ■ **47.** *Mots avec* **an** : plante, pantalon, banque, langue, chanson. *Mots avec* **en** : envie, gens, rentrée, ventre, mensonge. ■ **48.** rais**in**, march**and**, jard**in**, s**in**ge, coll**an**ts, sap**in**, rub**an**, bass**in**, d**an**se, b**an**quette. ■ **49.** méde**cin**, de l'**en**cre, **in**firmerie, ép**in**gle, **en**trée, rav**in**, arg**en**t, **en**droit, **in**secte, monum**en**t. ■ **50.** matin, paysan, chemin, artisan, tambourin, fin, volcan, musulman, moulin, océan.

P. 19 ■ **51.** l'école, l'oiseau, l'enfant, l'usine, l'ardoise, l'ours, l'épingle, l'armoire, l'ongle, l'avenue. ■ **52.** l'ami, le sapin, l'orange, l'abeille, la maison, la porte, l'oreille, le chien, l'arbre, le chemin. ■ **53.** se regarder, s'amuser, se trouver, s'arrêter, s'apercevoir, se décider, s'endormir, se pencher, se sauver, s'appeler. ■ **54.** J'aime les animaux. J'irai l'année prochaine. La fillette s'endort. J'apprends l'orthographe. L'éléphant s'éloigne.

P. 20 ■ **55.** *Mots avec* **au** : pauvre, animaux, taupe, travaux, gauche. *Mots avec* **eau** : pinceau, seau, marteau, nouveau, chapeau. ■ **56.** manteau, morceau, plateau, drapeau, chameau, bureau, bateau, poteau, berceau, couteau. ■ **57.** ch**au**d, j**au**nes, ois**eau**x, carr**eau**x, noy**au**. ■ **58.** jumeau et jumelle, nouveau et nouvelle, plume et plumeau, lion et lionceau, rouler et rouleau, cheval et chevaucher, beau et belle, museau et muselière, ruisseau et ruisseler, sauver et sauvetage.

P. 21 ■ **59.** tu as, j'ai, nous avons, ils ont, on a. ■ **60.** nous avons eu, j'ai eu, vous avez eu, tu as eu, les passagers de l'avion ont eu. ■ **61.** ma cousine **a eu**, elle **a** des cheveux blancs, quel âge **a**-t-il, j'**ai eu** les quatre as, **as**-tu un stylo, les pompiers **ont**, on l'**a eu** pour presque rien, **avez**-vous l'heure, ils **ont** le droit, nous **avons eu** du plaisir.

P. 22 ■ **62.** nous avions, j'avais, on avait, elle avait, ils avaient. ■ **63.** ils auront, j'aurai, tu auras, vous aurez, nous l'aurons. ■ **64.** mes parents **avaient**, nous **avions** du plaisir, j'**avais** six ans, Carole en **avait** sept, nous **avions** l'habitude ; plus tard, nous **aurons**, son frère en **aura** une, j'**aurai** l'occasion, tu **auras**, nos parents **auront**.

P. 23 ■ **65.** le **c**ou de la girafe, le **g**oût de la vanille, morceau de **c**orde, mal à la **g**orge, **g**arer sa voiture, un **c**arré, un **c**arnet, **g**arnie de dentelle, **c**omme un chat, une **g**omme. ■ **66.** midi et **qu**art, sur le **qu**ai, la **g**are, en bar**qu**e, tu es **g**ai, **qu**and il reviendra, le **qu**artier, un **g**ant, tout **g**ardé, la ba**g**ue. ■ **67.** une **g**aufre, **c**oûter cher, un **c**offre, de **g**outtière, une **c**abine, la **c**averne, avoir un **g**age, une **g**amine, **g**oûter un plat, la **c**age de l'oiseau.

P. 24 ■ **68.** limaçon et limace, Provence et provençal, balançoire et balance, face et façade, glace et glaçon. ■ **69.** fran**ç**ais, grima**c**e, mena**ç**ant, pla**c**e, rempla**ç**ant, cale**ç**on, vacan**c**es, Fran**c**e, rin**ç**age, mena**c**e. ■ **70.** le**ç**on, Lu**c**ile, gar**ç**on, mor**c**eau, Fran**ç**ois, hame**ç**on, sour**c**e, a poin**ç**onné, ma**ç**on, **c**iment.

P. 25 ■ **71.** tu avan**ç**ais, vous avan**c**iez, elle grin**ç**ait, ils grin**ç**aient, je fon**ç**ais, nous fon**c**ions, il ber**ç**ait, vous ber**c**iez, on pla**ç**ait, elles pla**ç**aient. ■ **72.** elle suçait, tu délaçais, vous vous déplaciez, ils prononçaient, vous menaciez, je perçais, nous effacions, j'annonçais, elle déplaçait, il me forçait. ■ **73.** les canards nous pinçaient, cet acteur prononçait, je le remplaçais, Charles rinçait, Hélène se balançait.

P. 26 ■ **74.** *Mots avec* **c** : pélican, carotte, abricot, avocat, chacal. *Mots avec* **qu** : quilles, parquet, piquet, perroquet, requin. ■ **75.** à la co**qu**e, **c**afé, ra**qu**ette, bo**c**al, **c**ornichons, ta**qu**in, pa**qu**et, éti**qu**ette, vol**c**an, **c**olère. ■ **76.** une pla**qu**e, un lo**c**al, l'é**qu**ipe, déli**c**ate, co**qu**ette, tran**qu**ille, cette **c**ouverture, des hari**c**ots, un bou**qu**et, la bé**c**asse. ■ **77.** coquelicot.

P. 27 ■ **78.** c'est un papillon rare, c'est la planète Mars, c'est ma grand-mère, c'est leur gros chien, c'est une serviette de bain, c'est mon anniversaire, c'est le bon numéro, c'est sa dernière adresse, c'est une bonne nouvelle, c'est la première fois. ■ **79.** s'est mariée : se marier ; s'est penché : se pencher ; s'est tourné : se tourner ; s'est reposé : se reposer ; s'est séparée : se séparer ; s'est habillée : s'habiller ; s'est dressé : se dresser ; s'est glissé : se glisser ; s'est bien terminée : se terminer ; s'est poussé : se pousser. ■ **80.** **c'est** un jeu, **s'est** réveillé, **c'est** mon stylo, on **s'est** dépêché, **c'est** la vérité, elle **s'est** occupée, **c'est** faux, maman **s'est** assise, **c'est** une bonne idée, il **s'est** caché.

P. 28-29 ■ **81.** **ce** chat, **ce** fauteuil, **ce** bâton, **ce** chauffeur, **ce** repas, **ce** lit, **ce** couteau, **ce** balai, **ce** passant, **ce** médecin. ■ **82.** **ce** vélo, **ce** journal, **ce** ballon, **ce** maillot, **ce** portail, **ce** poulet, **ce** bateau, **ce** dessin, **ce** magnétoscope, **ce** jeu de dames. ■ **83.** il **se** couvre, **ce** pêcheur, elle **se** trompe, **ce** piano, **ce** gardien, **ce** stylo, on **se** sent bien, ils **se** battent, **ce** géant, la chatte et le chien **se** regardent. ■ **84.** se servir, se fâcher, se manger, se passer, se terminer, se coucher, se cacher, se tondre, se rendormir, se mettre. ■ **85.** ce panier d'osier, ce tapis persan, ce colis postal, ce ruban doré, ce bonbon fourré, ce marché couvert, ce conte d'autrefois, ce tonneau vide, ce meuble peint, ce gros carnet. ■ **86.** se lever, se souvenir, se battre, se préparer, se réveiller. ■ **87.** **ce** gendarme, elle ne **se** trompe pas, **ce** plan, ils ne **se** lèvent pas, les élèves **se** taisent, **ce** fossé, Valentin **se** précipita, **ce** mensonge, **ce** léger retard, elle **se** croit.

P. 30 ■ **88.** ses voitures, ses livres, ses violons, ses cousines, ses pantalons, ses téléphones, ses valises, ses cahiers, ses devinettes, ses chemises. ■ **89.** ces nuages, ces maisons, ces arbres, ces objets, ces fromages, ces insectes, ces chemins, ces odeurs, ces boutiques, ces paraboles. ■ **90.** ses clés, ces insectes, ses conseils, ces travaux, ses histoires, ses cassettes, ces bottes, ces châteaux, ces forêts, ses bijoux. ■ **91.** ses amies, ces poèmes, ses efforts, ses chaussures, ces problèmes.

P. 31 ■ **92.** une image, un étage, un oiseau, une guêpe, un avion, une barque, un aigle, une girafe, une surprise, un éléphant. ■ **93.** cette grappe, cet escalier, cette ampoule, cet agent, cet épais brouillard, cette écharpe, cette avenue, cet oiseau, cet œuf, cette belle image. ■ **94.** **cette** paire de ciseaux, **cet** air stupide, **cette** idée, **cet** appartement, **cette** médaille, **cet** artiste (*ou* : **cette** artiste), **cette** grotte, **cet** étage, **cette** couverture, **cet** objet.

P. 32 ■ **95.** ils disent, nous disons, tu dis, vous dites, il dit. ■ **96.** nous lui avons dit, tu l'as dit, vous avez dit, il a dit, ils ont dit. ■ **97.** il disait, nous disions, je lui dirai, vous lui direz, nous dirons.

P. 33-34 ■ **98.** fr**è**re, pi**è**ce, espace, mis**è**re, lecture, mod**è**le, lumi**è**re, proverbe, fermeture, restaurant. ■ **99.** fl**è**che, spectacle, pri**è**re, couverture, compl**è**tement, direction, fid**è**le, cercle, respirer, cort**è**ge. ■ **100.** comm**e**rce, s**e**ptembre, aub**e**rge, l**e**ttre, proj**e**cteur, servi**e**tte, av**e**rse, p**e**rmission, dir**e**cte-ment, dent**e**lle. ■ **101.** éch**e**lle, sév**è**re, barri**è**re, obs**e**rver, aff**e**ctueux, coll**è**ge, én**e**rgie, casqu**e**tte, probl**è**me, t**e**rrain. ■ **102.** pat**e**rnel, lumi**è**re, mat**e**rnelle, n**e**rveux, myst**è**re, sinc**è**re, comm**e**rçant, deuxi**è**me, cr**è**me, cafeti**è**re él**e**ctrique. ■ **103.** *Dix mots avec un accent grave* : Mich**è**le, li**è**vre, col**è**re, routi**è**re, cél**è**bre, particuli**è**rement, esp**è**re, vip**è**re, m**è**tres, sc**è**ne. *Mots avec un* **e** *qui se prononce « è » (à souligner)* : qu**e**lle, adr**e**sse, t**e**rrier, insp**e**cteur, t**e**rrible, p**e**rmission, r**e**sp**e**cter, archit**e**cte, r**e**spire, **e**spère, pr**e**sque. ■ **104.** *Accent grave sur* : r**è**gne, fl**è**che, man**è**ge, ti**è**de, inqui**è**te. ■ **105.** fi**è**rement, pi**è**ge, rem**è**de, po**è**te, berg**è**re, lant**e**rne, cr**è**che, couv**e**rcle, m**è**che, r**è**gle.

P. 35 ■ **106.** une matin**ée**, une bouch**ée**, la volon**té**, la mar**ée**, la véri**té**, une bou**ée**, la quali**té**, la chari**té**, une araign**ée**, une chemin**ée**. ■ **107.** fier**té**, ferme**té**, rapidi**té**, égali**té**, propre**té**, solidi**té**, sale**té**, timidi**té**, rare**té**, nouveau**té**. ■ **108.** la fum**ée**, la gel**ée**, une mont**ée**, une entr**ée**, une all**ée**, une jet**ée**, une port**ée**, la plong**ée**, une arriv**ée**, une dict**ée**.

P. 36 ■ **109.** Elle a mang**é**. Elle a regard**é**. Il veut dans**er**. Il veut se repos**er**. Il veut s'en all**er**. ■ **110.** On a march**é**. On aime march**er**. Je sais plong**er**. J'ai plong**é**. Elle a téléphon**é**. Elle peut téléphon**er**. Il veut se dépêch**er**. Il s'est dépêch**é**. Ils ont écout**é**. Il faut écout**er**. ■ **111.** Julien a voulu se cach**er**, il a grimp**é**, Sophie l'a cherch**é**, elle l'a trouv**é**, il a failli tomb**er**.

P. 37-38 ■ **112.** j'aimerais manger un bonbon, tu aimes manger, vous pouvez manger, tu veux manger, elle pourrait manger. ■ **113.** Elle veut cri**er** très fort. Il a cach**é** le ballon. Vous ir**ez** au stade. Nous pouvons achet**er** le journal. Nous pouvons cri**er** très fort. ■ **114.** Vous devinez. Je veux deviner. Il a deviné. Nous allons deviner. Elle devinait. Tu vas trouver. On trouvait. Elle peut trouver. Vous trouvez. On avait trouvé. ■ **115.** a signal**é**, je jou**ais**, les chiens hurl**aient**, s'est réveill**é**, on march**ait**, a voyag**é**, a oubli**é**, elle pass**ait**, est rest**é**, tu entend**ais**. ■ **116.** a baiss**é**, j'ai aid**é**, à travers**er**, pour te coiff**er**, viss**ez**, secou**ez**, ils voudraient s'amus**er**, s'est arrêt**é**, avanc**ez**, en train de pouss**er**. ■ **117.** avez-vous contrôl**é**, avant de commenc**er**, il ne fait que grogn**er**, elle l'a épous**é**, il neige**ait**, ils dev**aient**, tous travers**er**, ne tap**ez** pas, vous risqu**ez**, de tout cass**er**. ■ **118.** *Réponses libres. Par exemple* : L'été dernier, nous avons camp**é** au bord d'un lac. J'aimerais bien camp**er** au bord d'un lac. Camp**ez** au bord d'un lac et vous découvrirez les moustiques ! En fin de semaine, on quittait la ville et on camp**ait** au bord d'un lac. Mes parents camp**aient** au bord d'un lac quand ils étaient jeunes.

P. 39 ■ **119.** semelle, toilette, richesse, demoiselle, bretelles, tresses, sauterelle, lunettes, chaussettes, promesse. ■ **120.** jeunesse, tendresse, souplesse, politesse, sagesse, délicatesse, tristesse, gentillesse, ivresse, noblesse. ■ **121.** devinette, boulette, brochette, clochette, poussette, casquette, noisette, pochette, sonnette, trompette. ■ **122.** mie et miette, maître et maîtresse, grosse et grossesse, croquette et croquer, ânesse et âne, cerveau et cervelle, vitesse et vite, fourche et fourchette, mollesse et mou, rondelle et rond, banc et banquette.

P. 40 ■ **123.** prem**ière**, caiss**ière**, coutur**ière**, épic**ière**, prisonn**ière**, infirm**ière**, ouvr**ière**, caval**ière**, charcut**ière**, bijout**ière**. ■ **124.** passag**ère**, étrang**ère**, gauch**ère**, bouch**ère**, berg**ère**, horlog**ère**, lég**ère**, messag**ère** ; *danger* et *oranger* n'ont pas de féminin (noms qui ne représentent pas des personnes). ■ **125.** soup**ière**, col**ère**, port**ière**, mis**ère**, barr**ière**, vip**ère**, crin**ière**, front**ière**, panth**ère**, lum**ière**.

P. 41-42 ■ **126.** *Il fallait souligner le verbe* **être** *dans* : **est** blanche ; Pierre **est** plus grand. *Il fallait entourer* **et** *dans* : un livre **et** un cahier ; un ordinateur **et** une imprimante ; le chat **et** le chien. ■ **127.** il est gentil ; il est chez ma (*ou* : sa) tante ; il est très sage ; il est content ; il est resté ; il est reparti ; il est passé ; il est à pied ; il est à la cuisine ; il est jeune. ■ **128.** Il est venu ; elle est juste devant moi ; elle est très tendre ; il est dans sa poche ; il est en brique ; il est dangereux ; il est ouvert ; elle est déjà debout ; il est allé au marché ; elle est tombée. ■ **129.** Je joue au foot et au tennis. Elle va au jardin public et à la bibliothèque. Il a perdu son portefeuille et son carnet de chèques. Ma copine a mal à la tête et au ventre. Cette histoire est drôle et (elle) me fait rire. ■ **130.** Pierre **et** Arthur ; Pierre **est** le plus âgé ; cette poire **est** bien mûre ; les poires **et** les pêches ; une photo **et** un dessin ; la photo **est** très réussie ; ce bouquet **est** très joli ; à Sophie **et** à sa mère ; un chêne **et** un cerisier ; le cerisier **est** un arbre. ■ **131.** être musicien ; être arrivée ; être en forme ; être de ton avis ; être le meilleur ; être en ruine ; être à moi ; être au beau fixe ; être chauve ; être au garage. ■ **132.** les gobelets **et** les serviettes ; le temps **est** chaud **et** humide ; quelle heure **est**-il ; une salade **et** une grillade ; elle **est** mignonne avec sa robe rouge **et** son chapeau ; **est**-on bientôt en vacances ; elle **est** partie avec un sac **et** une valise ; cent vingt **et** un francs ; **est**-elle réparée ; le vent n'**est** pas froid.

P. 43 ■ **133.** ces outils sont, nous sommes, tu es, elle est, vous êtes. ■ **134.** ils ont été, elle a été, nous avons été, tu as été, cette maison a été. ■ **135.** ils ont été, j'ai été chez lui, j'y suis, les gens ont été, je n'y suis pour rien, il en a été, les clés sont, on a été de la fête, tu es, la Terre est.

P. 44 ■ **136.** nous étions, vous étiez, j'étais, ils étaient, on était. ■ **137.** je serai, elle sera, vous serez, ils seront, quand seras-tu. ■ **138.** il sera minuit, qu'ils étaient usés, elle était matinale, nous serons en Bretagne, nous étions très jolies, vous serez la seule fille, elles étaient dans ma poche, ils seront bons à jeter, tu seras mon amie, tu étais le meilleur.

P. 45 ■ **139.** une s**œur**, un n**œu**d, l'**œu**f, de b**œu**f, le c**œur**. ■ **140.** l'heure, jeune, la veuve, la couleuvre, adieu. ■ **141.** bleu, l'aveugle, les fleurs, pleurer, les cheveux. ■ **142.** orag**eux**, err**eur**, graci**eux**, chal**eur**, bou**eux**, courag**eux**, cour**eur**, visit**eur**, danger**eux**, profond**eur**.

P. 46 ■ **143.** une odeur, une douleur, la valeur, un pêcheur, un moteur, à vapeur, bonne humeur, un dresseur, une couleur, un professeur. ■ **144.** un danseur, un moniteur, un nageur, le directeur, un voyageur, un menteur, un acteur, un animateur, un voleur, un admirateur. ■ **145.** un vendeur, la chaleur, un coureur, un farceur, un balayeur, une rougeur, un mineur, la largeur, un jongleur, un baladeur. ■ **146.** regarder l'heure, sa sœur, tartine de beurre, le cœur qui bat, peur du noir.

P. 47 ■ **147.** *Mots avec* **f** : famille, fête, défaut, fruit, facteur. *Mots avec* **ph** : phrase, phoque, raphia, pharmacie, photographe ; *photographe* a deux fois le son « f ». ■ **148.** *Mots avec* **f** : préférer, défendre, professeur, refaire. *Mots* *avec* **ff** : chauffage, chiffon, sifflet, souffler, griffes, offrir. ■ **149.** en**f**ants, télé**ph**one, élé**ph**ant, a regon**f**lé, l'al**ph**abet, **f**icelle, avons pro**f**ité, des **ph**otos, le dau**ph**in, **f**umer.

P. 48 ■ **150.** **f**arine, **v**ite, **f**acile, **v**isite, **v**itre, **f**euille, **f**ourmi, rê**v**e, **f**oudre, **v**élo. ■ **151.** **ch**ocolat, **j**ournal, diman**ch**e, **j**uin, po**ch**es, **j**ournée, **ch**apeau, **j**aune, **j**eune fille, gau**ch**e. ■ **152.** un **j**eudi, de **f**évrier, mar**ch**ait, **ch**emin, il ca**ch**ait, son **v**isage, le **f**roid, l'hi**v**er, le **v**ent, lui **j**etait, ses ra**f**ales, la **f**igure, il arri**v**a, de**v**ant, un **f**ilet, de **f**umée, s'é**ch**appait, la **ch**eminée, **v**ite, au **ch**aud.

P. 49 ■ **153.** ma chatte fait, nous faisons, tu fais, vous faites, elles nous font. ■ **154.** il a fait, nous lui avons fait, tu as fait, elle a fait exprès, elles ont fait. ■ **155.** tu faisais, il fera, nous ferons des gaufres, nous faisions notre lit, que ferez-vous.

P. 50-51 ■ **156.** bercer et berceau, percer et perceuse, plat et plateau, repos et se reposer, bois et boiserie. ■ **157.** fruit et fruitier, beurre et beurrier, bête et bêtise, balle et ballon, banc et banquette. ■ **158.** border, calculer, punir, casser, offrir, crier, blesser, fabriquer, regarder, exposer. ■ **159.** large, rouge, brun, calme, clair, jaune, noir, pâle, sombre, riche. ■ **160.** blanc, doux, sage, lent, long. ■ **161.** lun**di**, jeu**di**, same**di** et mar**di** (di = jour) ; **têt**u, **tête** et en**têt**é (famille de tête) ; **vill**e, **vill**age et **vill**ageois ; em**brass**er, **brass**ard, **brass**ée (famille de bras) ; **champ**, **champ**ignon, **champ**être. ■ **162.** mettre, permettre et remettre ; passer, dépasser et repasser ; promener, amener et mener ; revenir, venir et devenir ; apprendre, comprendre et prendre. ■ **163.** la grippe, le pouce, un danseur, un champion, un sifflet.

P. 52-53 ■ **164.** petit, haut, bleu, noir, content, fort, mauvais, rouge, chaud, plat. ■ **165.** claire, verte, jaune, seule, différente, dure, froide, lourde, droite, méchante. ■ **166.** veste blanche trop longue, femme blonde et gaie, fillette belle et souriante, branche courte et tordue, bête calme mais peureuse. ■ **167.** air joyeux, chanson joyeuse, tour très haute, mur très haut, sac léger, valise légère, haricot sec, figue sèche, grosse dame, gros monsieur. ■ **168.** température douce, intelligence vive, air triste, table basse, bonne nouvelle, chemise neuve, Caroline est sûre, eau minérale naturelle, David a été très courageux, chère maman. ■ **169.** une carafe pleine d'eau, une nouvelle route, une viande trop cuite, une gentille personne, une vieille ville. ■ **170.** sale, immense, tranquille, difficile, utile, sombre, immobile, maigre, faible, agréable.

P. 54-55 ■ **171.** Je dormirai. Nous dormirons. Vous dormirez. Ils dormiront. Tu dormiras. ■ **172.** nous chanterons, tu chanteras, il chantera, je chanterai, vous chanterez, elles chanteront, on chantera, ils chanteront, ma sœur chantera, les enfants chanteront. ■ **173.** je partirai, tu partiras, ils partiront, nous partirons, on partira, elles partiront, elle partira, vous partirez, le train partira, les bus partiront. ■ **174.** vous arriverez, tu passeras, ils (*ou* : elles) joueront, il (*ou* : elle, *ou* : on) prendra, je gagnerai, nous servirons, tu porteras, ils (*ou* : elles) répondront, il (*ou* : elle, *ou* : on) finira, je lirai. ■ **175.** vous dormirez, il pêchera, nous arracherons, tu m'écriras, nous chercherons, nous finirons, il cuira, nous passerons, elle vous montrera, il entrera. ■ **176.** il brillera, je ramasserai, on réparera, elles choisiront, vous guérirez. ■ **177.** la famille viendra, on les remerciera, vous comprendrez, il se salira, elle étudiera, je présenterai, ils ne continueront pas, tu choisiras, ils travailleront, nous l'empêcherons.

P. 56 ■ **178.** orange et oran**ge**ade, manger et imman**ge**able, plongeur et plon**ge**on, nager et na**ge**oire, bougie et bou**ge**oir. ■ **179.** ma**gi**que, gor**ge**, élar**gi**r, menson**ge**, fra**gi**le, auber**gi**nes, épon**ge**, éner**gi**que, ti**ge**, **gi**fle. ■ **180.** ca**ge**ot, élé**g**ante, plon**ge**oir, escar**g**ots, pi**ge**ons, wa**g**on, bour**ge**ons, man**ge**oire, four**g**on, man**ge**able.

P. 57 ■ **181.** il bou**ge**ait, vous bou**gi**ez ; je chan**ge**ais, elles chan**ge**aient ; tu ran**ge**ais, vous ran**gi**ez ; elle plon**ge**ait, nous plon**gi**ons ; on ju**ge**ait, ils ju**ge**aient. ■ **182.** elle lo**ge**ait, vous prolon**gi**ez, tu déran**ge**ais, les rats ron**ge**aient, vous déchar**gi**ez, elle l'obli**ge**ait, j'encoura**ge**ais, nous proté**gi**ons, il corri**ge**ait, je parta**ge**ais. ■ **183.** mes sœurs ne mangeaient jamais, il mélangeait, il neigeait, nous voyagions, je chargeais.

P. 58 ■ **184.** *Mots avec* **g** : garçon, goûter, langouste, garde, regard, dragon. *Mots avec* **gu** : baguette, bague, guêpe, guitare. ■ **185.** va**gu**e, lin**g**ot, conju**gu**é, é**g**out, **gu**erre, ca**g**oule, mu**gu**et, fou**gu**eux, **g**outte, **g**azon. ■ **186.** ré**g**ates, s'est dé**gu**isée, vir**g**ule, on **gu**ette, les nou**g**ats, ru**gu**eux, un **gu**ide, un gi**g**ot, lon**gu**eur, ba**g**ages.

P. 59 ■ **187.** **h**istoire, **h**iver, **h**ibou, **h**omme, **h**eure. ■ **188.** *Liaisons* : deux horloges, des huiles, des hélices, les horaires, trois heures. *Pas de liaisons* : des hachures, des hottes, deux hanches, les héros, des hangars. ■ **189.** la hache, l'habitude, le hérisson, l'hirondelle, l'habitant, la harpe, l'hôtel de ville, la hauteur, l'herbe, le hoquet.

P. 60-61 ■ **190.** verte, sottise, boueux, laiterie, centaine, chanter, nommer, poterie, finir, scier. ■ **191.** **saut** en hauteur, **nom** breton, **six** chaises, le plus **court** chemin, un **conte** célèbre. ■ **192.** **vers** le centre, un coup de **poing**, beaucoup de **sang**, un **champ** de blé, le **maire**. ■ **193.** entré au **port**, dans une **malle**, pas **mûr**, des petits **pois**, piqué par un **taon**, grimpe dans le **chêne**, un **cygne** sur le bassin, a jeté l'**ancre**, du **foie** de veau, trop **cher**.

P. 62 ■ **194.** tort**ue**, boucher**ie**, rev**ue**, part**ie**, stat**ue**, écur**ie**, loter**ie**, étend**ue**, mor**ue**, sort**ie**. ■ **195.** la souris, la bijouterie, la librairie, la boulangerie, la mairie. ■ **196.** fourm**i**, boug**ie**, trib**u**, breb**is**, verr**ue**, cr**ue**, nu**it**, iss**ue**, étourder**ie**, entrev**ue**.

P. 63 ■ **197.** ch**ien**, gard**ien**, rep**ein**dre, comb**ien**, pl**ein**, les fr**eins**, anc**ien**, chirurg**ien**, des r**eins**, b**ien**. ■ **198.** av**ion**, l**oin**, cam**ion**, les f**oin**s, les opérat**ions**, les divis**ions**, bes**oin**, p**oin**tes, m**oins**, attent**ion**. ■ **199.** lendem**ain**, pharmac**ien**, pl**ian**te, réun**ion**, music**ien**, électric**ien**, v**ian**de, respirat**ion**, p**ain**, b**ain**.

P. 64-65 ■ **200.** Elle parlait. Nous parlions. Ils lisaient. Tu lisais. Vous lisiez. ■ **201.** il (*ou* : elle, *ou* : on) rêvait, j' (*ou* : tu) oubliais, nous grimpions, il (*ou* : elle, *ou* : on) conduisait, vous choisissiez, ils (*ou* : elles) se dépêchaient, vous chantiez, il (*ou* : elle, *ou* : on) pleurait, je (*ou* : tu) sautais, ils (*ou* : elles) riaient. ■ **202.** Vous regardiez. Je dansais. Nous écrivions. Ils jouaient. Tu dormais. ■ **203.** je me cachais, elle se cachait ; tu venais, vous veniez ; on achetait, ils achetaient ; il prenait, nous prenions ; elle jaunissait, elles jaunissaient. ■ **204.** je répondais, elle perdait, on sortait, vous couriez, ils visitaient, tu dessinais, il pleuvait, ils gagnaient, on se levait, nous buvions. ■ **205.** le train s'arrêtait, ils construisaient, elle écrivait, on criait, les gens vivaient, vous preniez, nous nous servions, l'orage grondait, tu quittais, les jeunes se retrouvaient. ■ **206.** il ramass**ait**, il garn**issait**, et allum**ait**, je remont**ais**, nous aim**ions**, nous l'écout**ions**, nous nous réchauff**ions**, je caress**ais**, Lisette racont**ait**, les voitures exist**aient**.

P. 66 ■ **207.** *Tu as dû souligner* : écoute, ramasse, range, pensez, regardez. ■ **208.** change, écris, avance, dors, crois, viens, parle, ne rougis pas, apprends, reste. ■ **209.** entre, cours, attends-moi, reste tranquille, remplis, suis le guide, travaille, lis, défends-toi, téléphone.

P. 67 ■ **210.** 1. L'impératif sert à donner des ordres ou des conseils ; 2. Il y a trois personnes à l'impératif ; 3. avoir et savoir ; 4. faire et dire ; 5. avoir et être. ■ **211.** Pierre, **va** à la cuisine ; **aie** un peu de patience ; **dis** la vérité ; **fais** le ménage ; **sois** sage. ■ **212.** n'**aie** pas peur, **va** à la cave, **sois** franc, **dis** ce que tu sais, **soyez** calmes, **faites** la paix, **dites**-vous, **allez** jouer, **sachez** être, **ayez** confiance.

P. 68 ■ **213.** gagner un pari, aller à l'école, perdre du temps, lire un roman, vouloir un jouet, avaler un cachet, aimer le chocolat, tomber de l'échelle, dormir sur le dos, boire du lait. ■ **214.** prendre, faire, parler, courir, sauter, plonger, suivre, croire, rendre, finir. ■ **215.** sortir, voir, dire, comprendre, vivre, revenir, vendre, défendre, cuire, tordre.

P. 69 ■ **216.** **A**s-tu pris ton goûter **?** **I**rez-vous au cirque **?** **F**ait-il beau à Londres **?** **M**ettrons-nous un masque **?** **C**hantent-elles juste **?** ■ **217.** Tu as répondu à sa lettre. On aura un billet gratuit. Tu aimes les brocolis. Nous avons pensé à tout. Vous voulez venir à la maison. ■ **218.** A-t-on enlevé les rideaux ? S'est-il occupé de tout ? A-t-elle perdu son collier à l'école ? Inscrivez-vous vos enfants ? Aura-t-elle le temps de finir ? Vont-ils la construire ? Ces chaussures te vont-elles bien ? Devra-t-on sonner ? Ce chien mord-il ? Le chauffeur a-t-il freiné à temps ? *(Toutes ces questions peuvent aussi se poser en utilisant* est-ce que… ? : *Est-ce qu'on a enlevé les rideaux ? Est-ce qu'elle a perdu son collier à l'école ? etc.)*

P. 70 ■ **219.** Bruno la récite. Carole la vend. Le chien la donne. Marion la réclame. Noémie la ferme à clé. ■ **220.** Le promeneur l'a emporté. Le voyage l'a fatigué. Ma grande sœur l'a lu trois fois ! On l'a fait réparer. Benjamin l'a retrouvé. ■ **221.** papa **l'a** réparé, le singe **l'a** épluchée, **la** manger, de **là**, mon frère **l'a** déchiré, nous **la** rendrons, qui **l'a** perdu, faire **là**, on **l'a** conduit, on **la** met.

P. 71-72 ■ **222.** *Il est* grand, blanc, vert, haut, froid, long, gris, gros, parfait, étroit. ■ **223.** le toi**t**, un chan**t**, le galo**p**, un cha**t**, un cam**p**, un mon**t**, un li**t**, un marchan**d**, une den**t**, le ven**t**. ■ **224.** en ron**d**, un sau**t**, un ra**t**, le nor**d**, parfai**t**, un regar**d**, un biscui**t**, le bor**d**, un trico**t**, un frui**t**. ■ **225.** un ciel nuag**eux**, une pluie orag**euse**, une femme fril**euse**, un animal peur**eux**, une foule nombr**euse**, un élève soign**eux**, une galette délici**euse**, un fromage crém**eux**, une cuisine lumin**euse**, un animal paress**eux**. ■ **226.** mauvai**s**, un renar**d**, du lai**t**, un poin**t**, un pon**t**, en boi**s**, du spor**t**, un clien**t**, le gros lo**t**, un sac à do**s**. ■ **227.** un serpent, un bavard, un camp, un retard, un tas, un bond, un éclat, un chant, un poignard, un marchand. ■ **228.** plat, las, blanc, lent, rond, épais, content, laid, lourd, plaisant. ■ **229.** un pull coûteux, un mot faux, un visage affreux, un garçon roux, un jour brumeux, un projet généreux, un homme jaloux, un garçon amoureux, un regard doux, un plat creux.

P. 73-74 ■ **230.** **leur** chat, **leurs** chiens, **leurs** enfants, **leur** fille, **leurs** parents, **leurs** amis, **leurs** voisins, **leur** tante, **leur** médecin, **leurs** voitures. ■ **231.** **leurs** meubles, **leurs** livres, **leur** école, **leur** ballon, **leur** chambre, **leurs** jouets, **leur** caméra, **leurs** clés, **leur** montre, **leurs** valises. ■ **232.** **leur** poisson, **leur** voiture, **leurs** cheveux, **leur** manteau, **leurs** yeux, **leur** lampe, **leurs** vacances, **leurs** vélos, **leurs** assiettes, **leur** écran. ■ **233.** **leur** a fait peur, on **leur** a donné, les policiers **leur** ont passé, tu **leur** dois, vous **leur** demanderez, je **leur** ai apporté, elle **leur** a lancé, nous **leur** avons lu, elles **leur** ont répondu, le médecin **leur** a caché. ■ **234.** je **leur** ai écrit, **leurs** jumeaux,

leurs légumes, les filles **leur** chantent, **leurs** vêtements, le chat **leur** a sauté dessus, **leur** magasin, **leurs** bureaux, maman **leur** a préparé, **leur** couleur préférée. ■ **235.** **leurs** dents, **leur** dentiste, **leurs** parents, il **leur** arrive, tu **leur** as rendu, **leurs** cahiers, **leurs** poches, **leur** place, la **leur** prendre, **leurs** chaussures. ■ **236.** *Réponses libres. Par exemple* : Vous ouvrirez la porte à nos voisins. J'envoie une lettre à mes parents. etc.

P. 75 ■ **237.** un ami, son ami, des amis, l'**a**veugle, un aveugle, cet aveugle, mon ardoise, des ardoises, une ardoise, les éléphants, l'**é**léphant, un éléphant, cet âne, les ânes, son âne. ■ **238.** de jolie**s i**mages, so**n oncle A**rthur, trois écharpes, un gran**d a**ppartement, un gro**s œu**f, un peti**t oi**seau, ma bon**ne é**toile, de**s ou**tils pratiques, de grosse**s o**ranges, de**s é**cureuils roux. ■ **239.** Il**s on**t/on**t a**ccroché les fleurs. O**n ai**me les bon**s a**cteurs. Il**s im**primen**t un** journal (*ou* : Il**s im**priment un journal). O**n a** perdu le**s é**pingles. Elle**s a**gitent la main. Il **a** cassé so**n a**ssiette. On le**s a**ttachera tous. Il fau**t é**carter les bras. Il **o**béi**t à** sa voix (*ou* : Il **o**béit à sa voix). O**n a** fai**t un e**ffort (*ou* : O**n a** fait u**n e**ffort).

P. 76 ■ **240.** novembre, ombre, lampe, timbre, tampon. ■ **241.** b**an**que, t**om**ber, t**am**bour, c**on**fiture, ch**am**bre, ch**an**teur, p**om**pier, or**an**ge, m**on**tre, ch**am**pignon. ■ **242.** tr**an**che, c**om**pote, t**on**deuse, r**am**pe, gr**im**per, r**an**gée, **am**poule, **im**poli, lave-l**in**ge, **am**bulance. ■ **243.** t**em**pête, c**om**pte-tours, r**en**trée, sept**em**bre, **im**perméable, c**om**binaison, qu**in**ze, **em**mène, f**on**taine, **im**possible.

P. 77 ■ **244.** victi**m**e, macédoi**n**e, légu**m**es, angi**n**e, bru**m**eux, costu**m**e, tarti**n**e, centi**m**ètre, épi**n**e, bru**n**e. ■ **245.** campa**gn**e, rica**n**er, se pei**gn**er, fortu**n**e, se rensei**gn**er, caba**n**e, si**gn**ature, cor**n**es, Épar**gn**e, raci**n**es. ■ **246.** ga**gn**ant, crâ**n**e, ali**m**ents, châtai**gn**es, lu**n**ettes, compa**gn**ie, dé**m**olir, cyclo**n**e, i**gn**orant, allu**m**ette. ■ **247.** se baigner et un bain, témoigner et un témoin, des soins et soigneux, le sang et saigner, s'éloigner et au loin.

P. 78 ■ **248.** on **met**, grand **mais** peureux, elle **met**, **mais** il est gentil, Claire se **met**. ■ **249.** elle **met** le vendeur, il **met** son anorak, tu **mets** ta chemise, elle **met** les assiettes, je **mets** un tricot. ■ **250.** **mais** la sienne, elle **met** les fleurs, **mai** est un mois, **mais** fort, sa mère le **met** au lit, pas blanc, **mais** gris, né en **mai**, tu te **mets** avec Charlotte, **mais** moi, je me **mets** avec Julie.

P. 79 ■ **251.** Lille, Marseille, Lyon, Bordeaux, Grenoble, un Niçois, un Toulousain, un Nantais, un Strasbourgeois, un Roubaisien. ■ **252.** Ferrari, Peugeot, Honda, Perrier, Évian. ■ **253.** Angleterre, Belgique, Italie, Allemagne, Irlande, Espagne, Portugal, Suisse, Danemark, Grèce.

P. 80-81 ■ **254.** *Noms masculins* : un bruit, un matin, un moment, un chemin, un ballon. *Noms féminins* : une chambre, une école, une journée, une histoire, une minute. ■ **255.** un prince et une princesse, un comte et une comtesse, un duc et une duchesse, un baron et une baronne, un roi et une reine. ■ **256.** un chien, un chat, un lapin, un ami, un papa, un garçon (*ou* : un fils), un apprenti, un abonné, un ennemi, un étudiant. ■ **257.** le canard et la cane, le taureau et la vache, le coq et la poule, le bouc et la chèvre, le cheval et la jument, l'âne et l'ânesse, le loup et la louve, le bélier et la brebis, le porc et la truie, le tigre et la tigresse. ■ **258.** une copine, le débutant, le maître, une couturière, un écolier, un adjoint, un ourson, une livreuse, madame, le président. ■ **259.** un avocat, un gardien, un charcutier, un danseur, un directeur, un électricien, un vendeur, un commerçant, un acteur, un boulanger. ■ **260.** une tante, une épouse, une mère, une fille, une grand-mère, une nièce, une sœur, une femme, une cousine, une belle-sœur.

P. 82 ■ **261.** tendre, simple, calme, agréable, aimable, deuxième, docile, tranquille, difficile, juste. ■ **262.** heureux, heureuse ; chaud, chaude ; joyeux, joyeuse ; lourd, lourde ; seul, seule ; régulier, régulière ; curieux, curieuse ; naturel, naturelle ; profond, profonde ; horrible, horrible. ■ **263.** prendre délicatement, écouter attentivement, se défendre courageusement, s'embrasser affectueusement, toucher légèrement, soigner gratuitement, avancer péniblement, travailler sérieusement, raconter longuement, savoir parfaitement.

P. 83 ■ **264.** un miaulement, un jugement, un roulement, un équipement, un logement, l'attachement, un glissement, le commencement, un déménagement, un grondement. ■ **265.** un ralentissement, un avertissement, un établissement, un refroidissement, un gémissement. ■ **266.** un agrandissement, les encouragements, un empêchement, ce sifflement, au lancement de la fusée, toutes sortes d'amusements, le hurlement des loups, au ronflement du moteur, le grincement, les applaudissements.

P. 84-85 ■ **267.** Il est arrivé par le train. Il a fait le tour du monde. Ma mère lit le journal. On déménagera en avril. Les orages abîment les récoltes. ■ **268.** On fait la sieste sous l'arbre du jardin. Les enfants jouent devant l'école. Un forgeron s'occupe du cheval. J'aime les animaux sauvages. Regarde l'avion dans le ciel. ■ **269.** **J**e voudrais jouer avec l'ordinateur de grand-père**.** **J**'appuie sur la touche de démarrage**.** **L**'écran ne s'éclaire pas**.** **L**a souris ne marche pas**.** **L**e clavier ne répond pas**.** **L**'ordinateur est en panne**.** **G**rand-père se réveille**.** **I**l me regarde en riant**.** **I**l branche la prise de courant**.** **T**out marche à nouveau**.** ■ **270.** Le chien aboie. Les lapins se sauvent. L'orage gronde. La pluie se met à tomber. Il pleure. Sa grand-mère le console. Le soleil se couche.

La nuit tombe. Il essuie les verres. Il les range. ■ **271.** Avec un crayon, Frédéric dessine le portrait de sa sœur. Il lui fait des moustaches. Il ajoute une grosse barbe. Vexée, Sandrine prend une feuille à son tour. Elle représente son frère avec une tête de crapaud. Elle lui met quelques gros boutons rouges. Bien sûr, il n'est pas content. Aussitôt, il décore la barbe de Sandrine de petits nœuds roses. Les deux enfants se regardent. Ils éclatent de rire. ■ **272.** Mon père raconte **qu'il** a gagné au loto. Je mets la main dans ma poche **qui** est trouée. Mes copains espèrent **qu'ils** gagneront le match. Je ne mange pas la soupe **qui** est trop chaude. Le canard plonge dans la mare **qui** est sale.

P. 86-87 ■ **273.** Je suis allée **chez** lui **avec** ma sœur. Le chien est **dans** sa niche, **mais** il ne dort pas, car le chat tourne **autour** de sa pâtée. ■ **274.** **Combien** as-tu de balles de tennis ? Elle est sortie **sous** la pluie. Vous me l'avez **déjà** dit deux **fois**. Fais **comme** tu veux ! ■ **275.** **pendant** deux jours, **encore** pleuvoir, a **beaucoup** grossi, c'est **toujours** la même chose, on ne sait pas **comment**. (*Il est possible d'écrire* : il va beaucoup pleuvoir, a encore grossi.) ■ **276.** près - après ; là - voilà ; tant - autant ; dans - dedans ; bien - combien ; mais - jamais ; tôt - plutôt ; puis - depuis ; vers - envers ; avant - davantage. ■ **277.** pour + quoi, au + près, de + puis, pour + tant, long + temps, sur + tout, en + suite, beau + coup, aussi + tôt, par + fois. ■ **278.** **Voici** ce que, **demain** matin, **derrière** l'église, **souvent** utilisé, **jusqu'à** la colline, prendrons **ensuite**, **à travers** bois, **pour que** nous arrivions, **avant** midi, **lorsque** nous serons.

P. 88 ■ **279.** Il ne pleut pas. Aude ne partira plus. Elle ne s'est jamais mariée. L'école n'ouvre pas si tôt. Sa voiture ne démarre plus. ■ **280.** Les lettres sont timbrées. Les abeilles ont quitté la ruche. Il répond au téléphone. Le café est moulu. Pascale vit avec ses parents. ■ **281.** On n'a pas visité la Corse. Lydie ne se met pas en colère. Luc n'est pas un enfant. Les lauriers ne sont pas en fleur. La pluie ne tombe pas. Je n'aime pas la poésie. Elle ne pleure pas. Ne remplis pas mon verre. Je ne pars pas seul. Il ne porte pas le panier. (Pas *peut parfois être remplacé par* plus *ou* jamais. *Par exemple* : On n'a jamais visité la Corse.)

P. 89-90 ■ **282.** *une personne* : un garçon, un homme, un frère, un cousin ; *un animal* : un chat, un poisson, un canari ; *une chose* : une maison, un chalet, une porte. ■ **283.** une bouteille, une lampe, un vélo, un bateau, une chaise, un avion, une balle, un aspirateur, une caisse, une horloge. ■ **284.** **un** livre, **des** branches, **des** jambes, **un** balai, **des** clés, **un** carnet, **une** machine, **des** lèvres, **des** oreilles, **une** armoire. (*d'autres déterminants sont possibles* : mon livre, *etc.*). ■ **285.** *Tu as dû souligner* : des carottes, un moustique, un serpent, une jupe longue, un petit caillou, les volets fermés, un gros marteau, un vieux clou, un énorme requin, la plage. ■ **286.** *une personne* : un marin, un malade, un marchand, un pompier, un pilote ; *un animal* : un saumon, une guêpe, un écureuil, un chameau, un rat ; *une chose* : une pomme, un citron, un bâton, une échelle, un marteau ; *une idée* : la peine, l'amitié, un conseil, la timidité, la beauté. ■ **287.** la paresse, le courage, le caractère, la clarté, l'amour, le danger, l'épaisseur, la rapidité, la prudence, la profondeur. ■ **288.** *Réponses libres. Par exemple* : un ordinateur, mes crayons, des prises, le tapis, son bureau, ton clavier, tes écrans, ces câbles, leurs stylos, cette imprimante. ■ **289.** *Tu as dû souligner* : mon oncle, un étui usé, un violon, le vieil instrument, sa poche, un mystérieux sachet, son ami, le brocanteur, les cordes, un archet.

P. 91-92 ■ **290.** un, deux, trois, quatre, cinq, six, sept, huit, neuf, dix. ■ **291.** 159, 64, 328, 641, 77, 236, 95, 52, 85, 703. ■ **292.** dix-sept, dix-huit, dix-neuf, vingt, vingt et un, vingt-deux, trente, quarante, cinquante, soixante. ■ **293.** le premier ; deux ; trois, le troisième ; quatre, le quatrième ; cinq, le cinquième ; six, le sixième. ■ **294.** trente et un ; trente-trois ; quarante, le quarantième ; cinquante-trois, le cinquante-troisième ; cent, le centième ; mille, le millième. ■ **295.** vingt-quatre œufs, quarante-cinq places, cent trois ans, cent onze, quatre-vingt-neuf étudiants, trois cent soixante-douze candidats, cent vingt-six, cent cinquante-quatre personnes, trente-sept accidents, cent cinq blessés. ■ **296.** quinze mille six cents personnes, sept cent trente-huit euros, trois cent cinquante oliviers, deuxième, premier, quarante-sept minutes, trente-cinq secondes, trois cents invités, six cent trente-huit, deux mille.

P. 93 ■ **297.** une poire, une armoire, un mouchoir, un devoir, une histoire, un rasoir, un miroir, une foire, un tiroir, une passoire. ■ **298.** la vict**oire**, le s**oir**, le perch**oir**, une balanç**oire**, un grand dort**oir**, un réserv**oir**, le compt**oir**, un laborat**oire**, une bonne mém**oire**, un répert**oire**. ■ **299.** un arros**oir**, une baign**oire**, un saut**oir**, un hach**oir**, une bouill**oire**, un bav**oir**, une nage**oire**, une mange**oire**, un séch**oir**, un trott**oir**.

P. 94-95 ■ **300.** **on** joue, **on** lit, **on** défend, **on** fait un joli bouquet, **on** m'a invité, **on** a choisi, **on** dit, **on** a regardé, **on** fait du sport, **on** a beaucoup voyagé. ■ **301.** les voitures **ont** des roues, les poissons **ont** des nageoires, les escargots **ont** des cornes, les cerises **ont** un noyau, les oiseaux **ont** des plumes. ■ **302.** les voitures ont dérapé, les corbeaux ont picoré, ils ont enfermé, elles ont acheté, les gardiens ont lavé, les volets ont été réparés, ils ont mis, les banques ont fermé, elles m'ont forcé, les musiciens ont été longuement applaudis. ■ **303.** **on** a aidé, les assiettes **ont** été rangées, **on** a mis, **on** a préféré, les préparatifs **ont** duré, les garçons **ont** monté, **on** s'est servi, beaucoup de gens **ont** eu la grippe, les pleurs du bébé m'**ont** réveillé, ces cartons nous **ont** permis. ■ **304.** avoir donné, avoir quatre enfants, avoir couru, avoir envie, avoir besoin, avoir envahi, avoir dévoré, avoir de grandes pattes, avoir transporté, avoir peur (*ou* : ne pas avoir peur). ■ **305.** les cageots n'**ont** pas été remplis, qu'**on** reviendra, ses enfants **ont** un bon métier, **on** n'a pas vu, ils **ont** tout sacrifié, tous les élèves **ont** un classeur, ils **ont** couru, qu'**on** a loué, nos voisins **ont** un cheval, **on** a assuré. ■ **306.** **on** a dû, **ont**-ils, les jouets **ont** occupé, ces malades n'**ont** plus de fièvre, qu'**on** viendrait, qu'ils **ont** raison, **on** a signalé, les avions **ont** décollé, ces timbres **ont** de la valeur, **on** aura le temps.

P. 96 ■ **307.** une maison, une chanson, un frisson, il est bon, le pardon, un camion, un son, un savon, un tampon, un wagon. ■ **308.** **fin**ale, questi**onn**aire, v**in**aigre, citr**onn**ier, tambour**in**er, sav**onn**ette, envir**onn**ement, but**in**er, stati**onn**er, jard**in**age. ■ **309.** une cousine germaine, une enfant taquine, une fille coquine, une gamine polissonne, une voisine charmante, une grande championne, une espionne dangereuse, deux sœurs orphelines, une patronne courageuse, une mignonne petite chatte.

P. 97 ■ **310.** une **car**te, le **gar**dien, c'est **gra**tuit, le **car**naval, un **cra**paud, le **gra**vier, un **gar**çon, une **cra**vate, un **car**net, une **gra**ppe. ■ **311.** un **por**trait, une **bro**chure, un **pro**blème, une **bor**dure, une **bro**sse, un **por**tail, un **pro**duit, une **bro**chette, un **por**teur, une **bor**ne lumineuse. ■ **312.** une p**la**ge, c**al**culer, une c**lo**que, des p**al**mes, une c**lo**chette, un p**la**card, déc**al**quer, en co**lè**re, réc**la**mer, un p**al**mier. ■ **313.** f**ra**gile, une c**or**beille, un c**ro**codile, du f**ro**mage, une t**ar**te, un t**ra**cteur, un t**ro**ttoir, f**or**midable, une t**or**tue, un c**ro**chet.

P. 98-99 ■ **314.** *Un son* : an, ch, on, ai, in, au, ein. *Deux sons* : fl, fr, tr, cr, cl, gr, ien, bu, oin, pr, eil, pi, ouil. ■ **315.** *Un son* : en, ou, ph, ei, ê, ain, om (*prononcé comme* on), oh. *Deux sons* : oi, br, pl, ail, bl, vr, za, yé, ian, gl, mo, ti. ■ **316.** *Trois sons* : ami, aussi, bleu. *Quatre sons* : soir, beaucoup, saison, bouquet, chanson. *Cinq sons* : jardin. *Six sons* : dormir. ■ **317.** vert, nid, partout, achat, blond, canard, climat, gros, gentil, lourd, malheur, petit, riz, noix, loup, mauvais, l'hiver, souris, trop, rhinocéros. ■ **318.** *Tu as dû souligner* : pavé (4 sons), mardi (5 sons), corbeau (5 sons), chiffon (4 sons), table (5 sons si on prononce le e), pluie (4 sons), debout (4 sons), cœur (3 sons), français (5 sons), idée (3 sons). ■ **319.** palais, sujet, canot, menton, duvet, talus, filet, second, tissu, combat. ■ **320.** tapis et tapisserie, laideur et laid, aliment et alimentation, chocolat et chocolatier, partie et part, rang et rangée, désert et désertique, sentimental et sentiment, retardataire et retard, outil et outillage.

P. 100 ■ **321.** une tarte ou un éclair, de l'eau ou un soda, une casquette ou un chapeau, à pied ou à vélo, le melon ou la pastèque. ■ **322.** la campagne **ou** la mer, **où** elle habite, du raisin **ou** des cerises, un poney **ou** un âne, **où** on peut, le cinéma **ou** le cirque, **où** tu descends, sur le sol **ou** sur la table, **où** il va, pompier **ou** gendarme. ■ **323.** **où** il va, on lit **ou** on joue, **où** vous allez, **où** l'avez-vous, le train **ou** l'avion, **où** il est parti, du poulet **ou** du poisson, **où** tu veux, tu laves la vaisselle **ou** tu l'essuies, **où** nous passerons.

P. 101 ■ **324.** *Mots avec* **ou** : poudre, groupe, foudre. *Mots avec* **on** : pondre, fondre, gronder. *Mots avec* **oi** : froide, toiture, poivre, étoile. ■ **325.** l**ou**p, m**on**tre, r**ou**x, cart**on**, tr**ou**, s**ou**ris, r**on**d-point, **on**ze, d**ou**ze, un tr**on**c. ■ **326.** l**on**g, disc**ou**rs, t**ou**r, m**on**de, b**oi**sson, fr**oi**de, c**ou**p, c**ou**de, f**on**dre, s**oi**f. ■ **327.** le mouton, les boutons, le bouchon, bonjour, un bourgeon.

P. 102-103 ■ **328.** *Tu as dû souligner* : la chatte, les murs, la nuit, la pauvre dame, deux marins, la foudre, les cerises, les soldats, la voiture et le camion, les maisons. ■ **329.** les verres sont rangé**s**, mes tantes sont venu**es**, les fruits seront lavé**s**, les exercices sont fini**s**, la fête foraine est installé**e**. ■ **330.** Ils sont sorti**s**. Il est sorti. Elle est sorti**e**. Elles sont sorti**es**. Je suis sorti (*garçon*) ou sorti**e** (*fille*). Ma cousine est rentré**e**. Mes cousins sont rentré**s**. Tes sœurs sont rentré**es**. Son père est rentré. Sa mère est rentré**e**. ■ **331.** la feuille sera glissé**e**, cette statuette a été taillé**e**, les lettres seront imprimé**es**, les gens sont descendu**s**, cette banque est dirigé**e**, les étudiants sont convoqué**s**, les cadeaux étaient enveloppé**s**, elles sont passé**es**, des ouvriers sont monté**s**, Victor est resté. ■ **332.** Caroline est parti**e**. Romain et Ludovic sont resté**s**. Mathilde et Lucile sont revenu**es**. Marie, Jules et Anne sont resté**s**. Arthur est arrivé. Ma tante, mon oncle et mon cousin sont resté**s**. Son père, sa mère et sa sœur sont resté**s**. Toute la famille est parti**e**. Quelques amies sont revenu**es**. Le plus vieux (de tous) est arrivé.

P. 104-105 ■ **333.** Elle **est** arrivé**e** à huit heures. Elle **est** revenu**e** à midi. Ils ont attrapé le ballon. Elles avaient attrapé le ballon. Elles **seront** parti**es** demain matin. ■ **334.** *Tu as dû souligner* : ont gonflé (auxiliaire **avoir**), se sont envolés (auxiliaire **être**), a arrosé (auxiliaire **avoir**), avons nourri (auxiliaire **avoir**), est partie (auxiliaire **être**). ■ **335.** était annoncé (auxiliaire **être**), est arrivé (auxiliaire **être**), a acheté (auxiliaire **avoir**), ai lu (auxiliaire **avoir**), est rentrée (auxiliaire **être**). ■ **336.** Nathalie <u>a</u> dessiné, ses deux sœurs <u>sont</u> dessiné**es**, les garçons <u>ont</u> remonté, ils <u>sont</u> remonté**s**, Patricia <u>a</u> dirigé, les musiciens <u>étaient</u> dirigé**s**, Sarah <u>a</u> rangé, quatre robes <u>étaient</u> pendu**es**, ils <u>ont</u> habité, leur maison <u>sera</u> réparé**e**. ■ **337.** ces poulets sont élevé**s**, les poules ont mangé, la police a demandé, les conducteurs sont obligé**s**, tous les spectateurs ont applaudi, cette actrice est aimé**e**, deux mécaniciens ont vérifié, sa voiture est réparé**e**, les enfants ont fatigué, Isabelle est épuisé**e**.

P. 106-107 ■ **338.** Admirée par la foule, Anne devient toute rouge. Admirée par la foule, Léa pose devant les photographes. Admirés par la foule, ces acteurs signent leurs photos. Admirées par la foule, les actrices sont heureuses. Admirées par la foule, elles envoient des baisers. ■ **339.** Arrivée à midi, ma cousine est repartie à trois heures. Arrivée à midi, ma sœur est ressortie à deux heures. Arrivés à midi, mes cousins ont déjeuné avec nous. Arrivés à midi, mes frères repartiront vers une heure. Arrivées à midi, mes cousines resteront jusqu'à demain. ■ **340.** Perdue dans la forêt, sa sœur a retrouvé son chemin. Perdue dans la forêt, toute la bande a eu très peur. Perdus dans la forêt, les trois frères ont crié « au secours » ! Perdus dans la forêt, les enfants ont téléphoné à leur mère. Perdues dans la forêt, les deux filles sont restées ensemble. ■ **341.** La séance terminée, ces sacs posés, des histoires racontées, une tarte préparée, les cadeaux apportés, la souris passée, ces achats payés, ces tasses cassées, des animaux trop nourris, une histoire finie. ■ **342.** reconnus, les voleurs ; lavé trop chaud, le linge ; les alpinistes aveuglés ; rentrés sous la pluie, les enfants ; une fois arrachées, ces plantes ; les voyageurs, réveillés ; sa fille, endormie ; bien cachés, ces trésors ; acheté au kilo, ce café ; partie avant les autres, elle a.

P. 108-109 ■ **343.** ont marché, ont fini, est sorti, ont couru, ont trouvé. ■ **344.** a senti, est rentré, a décidé, a acheté, a vu, a tourné, a posé, est venu, a servi, a mangé. ■ **345.** qui est dite, qui est mise, qui est écrite, qui est prise, qui est assise. ■ **346.** la dinde a cuit, il m'a permis, elle a sali, le chien a mordu, la maîtresse nous a interdit. ■ **347.** il a appris, ils ont démoli, lui qui a cousu, on a traduit, on nous a promis. ■ **348.** le médecin nous a dit, les élèves ont rendu, papa a conduit, le chien est ressorti, j'ai inscrit, elle a surpris, les footballeurs ont perdu, l'entraîneur est parti, on a remis, les déménageurs ont apporté.

P. 110-111 ■ **349.** Elle a sauté. Vous avez joué. J'ai gagné. Nous avons ri. Ils ont perdu. ■ **350.** Elle (*ou* : il, *ou* : on) a demandé. Nous avons chanté. Ils sont arrivés. Vous êtes attendus. Ils (*ou* : elles) ont souri. ■ **351.** on a aimé, tu as choisi, j'ai regardé, vous avez voulu, nous avons crié. ■ **352.** nous sommes partis, il est passé, je suis monté, elles sont rentrées, tu es sorti. ■ **353.** on a entendu, les fourmis ont dévoré, nous avons fini, il s'est approché, ils ont réuni, j'ai donné, les gens ont couru, les spectateurs ont ri, son bébé a pleuré, tout le monde a cru. ■ **354.** maman **a** rempli, Hélène **a** proposé, le vent **a** semblé, elle a tiré, ces joueurs **ont** bien défendu, nous **avons** suspendu, vous l'**avez** salué, tu **es** resté, j'**ai** coupé, il **est** retourné. ■ **355.** vous avez préféré, j'ai abandonné, nous avons répété, il a remarqué, j'ai creusé. ■ **356.** les lutteurs **ont** glissé, ils **sont** tombés, elle **est** revenue, mon oncle et ma tante **ont** habité, nous lui **avons** indiqué, nous **avons** aperçu, nous **avons** couru, nous nous **sommes** jetés, nous l'**avons** escaladé, Paul **a** déchiré.

P. 112 ■ **357.** **p**oule, **p**êche, **b**illet, ré**p**onse, **b**erceau, **b**eurre, **p**oire, **b**alai, **b**elle, **p**oisson. ■ **358.** **t**ousse, **d**ébut, **d**ominos, **t**iroir, **d**essert, **t**ête, **t**orchon, **d**ouche, **t**ige, **d**ents. ■ **359.** **d**octeur, **t**omate, **b**oire, **d**oucement, **b**ol, **p**elote, é**t**agère, **b**ottes, **t**hon, **p**erles.

P. 113 ■ **360.** **je** range, **tu** prépares, **tu** as pensé, **nous** allons répéter, **vous** viendrez. ■ **361.** elle court → Stéphanie ; ils crient → Paul et Tom ; elle reste → Isabelle ; il parle → Romain ; elles rient → Aude et Léa. ■ **362.** **elle** dort, **il** est têtu, **ils** sont intelligents, **elles** sont bêtes, **ils** sont dans leur tanière.

P. 114 ■ **363.** **on** joue, **on** termine, **on** donne, **on** goûte, **on** s'amuse. ■ **364.** **on** ferm**e**, **on** travaill**e**, **on** appren**d**, **on** chant**e**, **on** écri**t**. ■ **365.** **elle** met, **il** siffle, **elle** est très belle, **on** est tous partis, **il** pousse son copain, **on** accepte, **elle** était jolie, **il** attend, **on** a promis, **on** regarde.

P. 115 ■ **366.** éclaire **peu**, un **peu** de sucre, un **peu** d'ail, en **peu** de jours, on a **peu** de temps. ■ **367.** Sébastien **peut** gagner, je n'en **peux** plus, ma sœur **peut** réussir, tu **peux** me raconter, tout ce qu'on **peut**. ■ **368.** un **peu** de sel, l'eau ne **peut** pas, tu **peux** le dire, on **peut** prendre, il y a **peu**, on ne **peut** pas, j'en connais **peu**, je n'y **peux** rien, un **peu** trop lourd, elle ne **peut** pas.

P. 116 ■ **369.** **pl**anter, **bl**onds, sa**bl**e, **pl**an, **pl**aisir, **bl**eu, **pl**ace, **bl**ouse, **pl**anche, **pl**ume. ■ **370.** **gl**ands, bou**cl**es, **gl**obe, **gl**ace, arti**cl**e, **gl**isser, bicy**cl**ette, **gl**açons, **cl**ou, **cl**ient. ■ **371.** **pl**âtre, on**gl**e, trè**fl**e, coupa**bl**e, pantou**fl**es, ai**gl**e, aveu**gl**e, mus**cl**es, ci**bl**e, mira**cl**e. ■ **372.** **Vl**adimir, dé**cl**are, horri**bl**e, ressem**bl**e, **cl**oche, **vl**an, gi**fl**e, **pl**aindre, **pl**eurant, reni**fl**ant.

P. 117 ■ **373.** un journal, un signal, un animal, un travail, un canal, un hôpital, un bocal, un détail, un total, un bal. ■ **374.** des mét**aux**, des ém**aux**, des chacal**s**, un vitr**ail**, des loc**aux**, un cor**ail**, des chandail**s**, un crist**al**, des portail**s**, des carnaval**s**. ■ **375.** des tribun**aux**, des éventail**s**, des quint**aux**, des Provenç**aux**, des végét**aux**, des épouvantail**s**, des m**aux**, des festival**s**, des rail**s**, des termin**aux**.

P. 118 ■ **376.** des chapeau**x**, des bureau**x**, des tableau**x**, des préau**x**, des chameau**x**, des cheveu**x**, des noyau**x**, des jeu**x**, des corbeau**x**, des rideau**x**. ■ **377.** des feu**x**, des troupeau**x**, des pneu**s**, des vrais jumeau**x**, des tuyau**x**, des poteau**x**, des vœu**x**, des rouleau**x**, des traîneau**x**, des gâteau**x**. ■ **378.** trois neveu**x**, les escabeau**x**, de jolis landau**s**, deux seau**x**, aux aveu**x**, les panneau**x**, les lieu**x**, aux pruneau**x**, des bleu**s**, les poireau**x**.

P. 119 ■ **379.** les deux genou**x**, des gros matou**s**, une boîte de bijou**x**, un nid de coucou**s**, des verrou**s**, des hibou**x**, des trou**s**, un tas de clou**s**, des chou**x**, pleine de pou**x**. ■ **380.** des kangourou**s**, ses joujou**x**, leurs biniou**s**, plus on est de fou**s**, une forêt de bambou**s**, des tatou**s**, ce sont des filou**s**, des caillou**x**, des écrou**s**, des cachou**s**.

P. 120-121 ■ **381.** un avion, des voiture**s**, le bateau, une course, ses ballon**s**, la balle, trois poisson**s**, à deux main**s**, plusieurs chalet**s**, mes raquette**s**. ■ **382.** des mur**s**, des porte**s**, des forêt**s**, des ville**s**, des odeur**s**, des salle**s**, des volet**s**, des lampe**s**, des loup**s**, des pot**s**. ■ **383.** des rayon**s**, des pierre**s**, des bois, des pomme**s**, des poire**s**, des rat**s**, des souris, des pièce**s**, des os, des nid**s**. ■ **384.** des croix, cette fourchette, mes tasse**s**, votre chat, ces radis, les corde**s**, mes livre**s**, ta chemise, un ours, son aile. ■ **385.** cerise**s**, légume**s**, fleur**s**, nœud**s**, noisette**s**. ■ **386.** salade de jardin, salade de fruit**s**, animal à plume**s**, stylo à plume, kilo de carotte**s**, kilo de farine, tas de sable, tas de pierre**s**, plat de purée, plat d'épinard**s**. ■ **387.** un pot de crème, un pot de fleur**s**, un paquet de café, un paquet de bonbon**s**, une boîte de biscuit**s**, une boîte en carton, une boîte à outil**s**, un sac de blé, un sac de bille**s**, un sac de toile.

P. 122-123 ■ **388.** 1. Depuis ce matin**,** le vent souffle très fort**.** 2. Son frère**,** sa sœur et sa mère sont ici**.** 3. Au début**,** les choses se passent bien**.** 4. Très lentement**,** le camion recule dans le hangar**.** 5. En voyant le chien**,** il se sauve en courant**.** ■ **389.** Le lendemain**,** c'est dimanche**.** Il n'y a pas classe**.** Aujourd'hui**,** c'est le grand jour**.** On part en vacances**.** Elle a refusé**,** mais je sais qu'elle finira par dire « oui »**.** Pour son anniversaire**,** elle a eu un vélo neuf**.** ■ **390.** Où vas-tu **?** Comme tu es beau **!** Combien coûte ce cartable **?** Que de bruit pour rien **!** Quand serez-vous prête **?** Auriez-vous dit un mensonge **?** Les chaises sont dans le placard**.** Comment es-tu arrivé là **?** Je lui demande l'heure**.** Qui accompagne les élèves **?** ■ **391.** Monsieur Arthur a sorti des ciseaux**,** deux peignes**,** trois brosses et un grand rasoir**.** À portée de la main**,** il a un fer à friser et un sèche-cheveux**. «** Vous avez besoin de tout ça **?** demande Ratus un peu inquiet. – Bien sûr **!** répond le coiffeur**.** Je veux que vous soyez le plus beau rat de la ville**.** Je vais vous faire une coiffure d'artiste**.** Je vais aussi vous friser les moustaches. » ■ **392.** « Ai-je bien vu **?** Quelle est cette créature si étrange **?** Elle est poilue**,** griffue**,** inquiétante… Mais ce n'est pas un loup **!** » L'adjudant avait vu des images de loups**,** des films à la télévision**.** Le monstre qui se promenait avec la fillette n'avait absolument pas la même allure**.** L'heure était grave**.** L'individu bizarre qui accompagnait la petite fille avait un air trop louche pour être honnête**,** foi de gendarme **!**

P. 124 ■ **393.** il peut, nous pouvons, tu peux, vous pouvez, elles peuvent. ■ **394.** elle a pu, vous avez pu, tu as pu, ils ont pu, nous avons pu. ■ **395.** ils pourront jouer, vous pourrez vous lever, elle pouvait travailler, tu pourras venir, ils pouvaient courir.

P. 125 ■ **396.** une **pr**ise, une **br**anche, aux **pr**unes, une **br**ioche, toute **pr**oche, la **pr**iorité, une **br**oche, **pr**ofond, chevelure **br**une, la **br**ise. ■ **397.** **dr**agon, **tr**esse, **dr**omadaire, é**tr**oite, **dr**apeau, **tr**icheur, **tr**ésor, **dr**essé, **dr**oite, **tr**anche. ■ **398.** **gr**ains, **cr**êpe, **gr**ève, **cr**oissant, **cr**oquette, **gr**illage, une **cr**ise, **gr**oupe, **cr**oûte, **gr**ise. ■ **399.** **fr**ère, gi**vr**e, a**vr**il, **fr**omage, chè**vr**e, liè**vr**e, **fr**igo, **vr**aiment, **fr**otter, **fr**uit.

P. 126-127 ■ **400.** nous parlons, tu parles, on parle, je parle, vous parlez, ils parlent, il parle, elles parlent, ma sœur parle, les gens parlent. ■ **401.** vous arrivez, tu chantes, je (*ou* il, *ou* elle, *ou* on) passe, nous bavardons, ils (*ou* elles) entrent, je (*ou* il, *ou* elle, *ou* on) tombe, tu aimes, ils (*ou* elles) restent, j' (*ou* il, *ou* elle, *ou* on) arrête, vous appelez. ■ **402.** elles grandissent, vous grandissez, tu grandis, nous grandissons, elle grandit, il grandit, je grandis, ils grandissent, mon frère grandit, les enfants grandissent. ■ **403.** *Vingt pronoms à trouver* : **nous** avançons ; **il**, **elle**, **on** bondit ; **vous** choisissez ; **tu** approches ; **je**, **il**, **elle**, **on** décide ; **j'**, **tu** obéis ; **ils**, **elles** rougissent ; **vous** continuez ; **je**, **tu** grossis ; **nous** réussissons ; **ils**, **elles** copient. ■ **404.** je rentr**e**, ces rues abouti**ssent**, tu ralenti**s**, les fauves bondi**ssent**, vous élev**ez**, vous maigri**ssez**, papa cherch**e**, nous bâti**ssons**, ils mang**ent**, Nadine fleuri**t**. ■ **405.** rêver, remarquer, manquer, changer, frapper, pousser, saluer, amener, creuser, réparer. ■ **406.** franchir, établir, punir, guérir, pâlir, trahir, jaunir, gémir, remplir, subir. ■ **407.** cette voiture réagi**t**, le professeur nous donn**e**, ces fruits mûri**ssent**, ma tante verni**t**, on commenc**e**. ■ **408.** Frédéric regard**e**, il oubli**e**, vous garanti**ssez**, je saisi**s**, vous me donn**ez**, j'accept**e**, je vous en remerci**e**, nous uni**ssons**, mon grand frère étudi**e** et (il) réussi**t**.

P. 128-129 ■ **409.** vous courez, tu cours, elles courent, je cours, ils courent, on court, il court, elle court, Maryse court, les gens courent. ■ **410.** je (*ou* tu) prends, il (*ou* elle, *ou* on) entend, vous vendez, ils (*ou* elles) comprennent, il (*ou* elle, *ou* on) voit, vous relisez, je (*ou* tu) reviens, ils (*ou* elles) mentent, nous dormons, je (*ou* tu) réponds. ■ **411.** elles écrivent, j'écris, on écrit, vous écrivez, elle écrit, nous écrivons, il écrit, ils écrivent, tes enfants écrivent, Laurent écrit. ■ **412.** ils prennent, il prend, tu prends, nous prenons, vous prenez, on prend, je prends, elles prennent, Maxime prend, ses neveux prennent. ■ **413.** ils perd**ent**, il refai**t**, je lui écri**s**, tu atten**ds**, elles apprenn**ent**, vous conduis**ez**, elle recou**d**, nous cour**ons**, cette rose sen**t**, on lui offr**e**. ■ **414.** voir, dormir, construire, accourir, conduire, lire, parcourir, recevoir, savoir, servir. ■ **415.** la police poursui**t**, tu souffr**es**, ces chiens ne mord**ent** pas, les deux garnements se batt**ent**, elle devien**t**, je boi**s**, tu découvr**es**, le garçon nous ser**t**, je ne conn**ais** pas, je met**s**.

P. 130-131 ■ **416.** il s'est douché, elle a stoppé, elle a tremblé, ils aboient, elle est déchirée, elle sonne, il joue, il avance, ils sont importants, elles ont abîmé. ■ **417.** Il se lave. Je saute. Tu approches. On dormira. J'écris. J'étais. Elle dansait. Ils savent. J'ai. Il a. ■ **418.** Elle t'attend. On l'entend. Je l'apporte. Vous me parlez ? Elle le regarde. Tu la connais ? Il leur parle. Il les a vus. Elles te croient. Vous nous gênez. ■ **419.** il → l'avion ; leur → ses filles ; lui → la souris ; elle → la moto ; les → les dents. ■ **420.** *Réponses libres. Par exemple* : Le vent souffle… Les vagues se brisent… La nuit, j'entends souvent les chiens hurler… Charles a montré son permis de conduire aux gendarmes. Bernard fait confiance au mécanicien… ■ **421.** (veux-) **tu**, **la** (met), **leur** (écrit), **les** (ont), **te** (reproche), **on** (est), **je** (trouve), **vous** (viendrez), **le** (soigne), **me** (dis). ■ **422.** **ils** (arrivent), **on le** (secouait), **elle** (est d'accord), **ils** (tapent), **le** (secouent), **leur** (tombent), **ils** (rient), **ils** (vont), **les** (ramasser).

P. 132 ■ **423.** Quel pantalon ? Quelle table ? Quelle robe ? Quels lits ? Quel chapeau ? Quelle nappe ? Quels boutons ? Quelles chaises ? Quels tapis ? Quelles cravates ? (*ou* : Quel pantalon ! Quelle table ! etc.) ■ **424.** Quelles tortues ! Quel endroit ! Quel chien ! Quels soucis ! Quelle chatte ! Quelle vie ! Quelles souris ! Quelle route ! Quelles chèvres ! Quels chemins ! (*ou* : Quelles tortues ? Quel endroit ? etc.) ■ **425.** qu'elle réponde, qu'elles gagnent, qu'elle raconte, qu'elle pleure, qu'elle m'écrive, qu'elles ont réparée, qu'elles entrent, qu'elle reste, qu'elles arrêtent, qu'elles cachent.

P. 133 ■ **426.** chai**s**e, mou**ss**e, in**s**ecte, boi**ss**on, sai**s**on, pou**ss**in, excu**s**e, men**s**onge, **c**erise, ta**ss**e, égli**s**e, cla**ss**e, mai**s**on, poi**ss**on, maga**s**in, cour**s**e, cui**s**ine, aver**s**e, bui**ss**on, per**s**onne. ■ **427.** gro**ss**e, cai**ss**e, musique cla**ss**ique, chau**ss**ures u**s**ées, mauvai**s**e surpri**s**e, un **z**oo immen**s**e, po**s**er un va**s**e, de**ss**iner un pay**s**age, pou**ss**er un chariot de provi**s**ions, un pin**s**on et un ro**ss**ignol, une tondeu**s**e à ga**z**on. ■ **428.** passer, chasser, désobéir, casser, visiter, (se) reposer, dresser, présenter, caresser, croiser.

P. 134 ■ **429.** son école, son poney, son nez, son cahier, son regard, son idée, son linge, son jouet, son bec, son image. ■ **430.** son train, ils sont venus, son pays, ils sont nombreux, son fils, qui sont ces gens, ils sont assis, son mois préféré, son nouveau professeur, ces bêtes sont. ■ **431.** ils sont tous cassés, elles sont jolies, elles sont perdues, elles sont vides, ils sont posés, elles sont allées, ils sont tout neufs, ils sont en fleur, elles sont sales, ils sont bien dressés.

P. 135-136 ■ **432.** Une personne passe. Les gens passent. Ton copain passe. Des gardes passent. Un voisin passe. Le chat dort. Les chiens dorment. Son frère dort. Mes amis dorment. Son bébé dort. ■ **433.** Ils (*ou* elles) rient très fort. Tu penses à moi. Je (*ou* il, *ou* elle, *ou* on) commence tôt. Vous écoutez la radio. Ils (*ou* elles) regardent un film. Je (*ou* il, *ou* elle, *ou* on) sonne à la porte. Ils (*ou* elles) soignent des animaux. Tu promènes le chien. J' (*ou* il, *ou* elle, *ou* on) ouvre la fenêtre. Nous préparons les vacances. ■ **434.** Pauline et Margaux écoutent, le gardien monte, les voisins téléphonent, cette fête attire, les déménageurs vident. ■ **435.** Les enfants du voisin travaillent. Les enfants du voisin ne jouent pas. Antoine et Jean travaillent. Antoine et Jean ne jouent pas. Le dresseur des fauves travaille. Le dresseur des fauves ne joue pas. Alexandre travaille. Alexandre ne joue pas. Claire et Julie travaillent. Claire et Julie ne jouent pas. ■ **436.** le vautour et la hyène nettoi**ent**, ce chat n'attrap**e** pas, les éléphants piétin**ent**, des singes s'amus**ent**, les deux femmes se tourn**ent** le dos, s'éloign**ent**, Isabelle et Gérard mont**ent**, deux oiseaux siffl**ent**, les gagnants pleur**ent**, Tom et Léo se lav**ent**. ■ **437.** le marchand (de fleurs) sold**e**, les livreurs (du magasin) emport**ent**, les avions (de notre compagnie) se pos**ent**, la vitesse (des véhicules) caus**e**, le jardinier (du parc) arros**e**, le voyage (de ses rêves) l'emmèn**e**, les parents (de Luc) ferm**ent**, les neveux (de Marie) promèn**ent**, la farce (de ces polissons) amus**e**, Paul et Jules install**ent**.

P. 137 ■ **438.** partir, une leçon, mélanger, la confiture, un zèbre, un balcon, un bureau, une surprise, se promener, une automobile. ■ **439.** sou-per, ma-ga-sin, mer-cre-di, phar-ma-cie, pla-ce, é-pin-gle, pro-pre-ment, s'en-vo-ler, pho-que, ca-pi-tai-ne. ■ **440.** nour-rir, vir-gu-le, é-chap-per, mul-ti-pli-ca-tion, gla-çon, son-ne-rie, fa-ti-gue, pois-sons, gram-mai-re, dé-fen-dre. ■ **441.** *Tu as dû corriger* : bal-lon, clas-se, ap-porté, voi-tures, camé-ra (*ou* : ca-méra).

P. 138 ■ **442.** j'ai lu → passé ; je prendrai → futur ; nous fêterons → futur ; nous sortirons → futur ; j'ai lavé → passé. ■ **443.** il aura → futur ; la chatte miaule → présent ; nous irons → futur ; j'attache → présent ; nous avons rencontré → passé ; mes parents ont choisi → passé ; il sera → futur ; vous irez → futur ; nous avions campé → passé ; j'entends → présent.

P. 139 ■ **444.** tous les dimanches (masculin pluriel) ; toutes les semaines (féminin pluriel) ; toute la nuit (féminin singulier) ; tous les fruits (masculin pluriel) ; tous vos prénoms (masculin pluriel). ■ **445.** tous les copains, toute ma famille, tous les ballons, tout le cirque, toute sa liste, toute la partie, toutes les réunions, tous les poissons, toutes mes feuilles, tout mon carnet. ■ **446.** tous les produits, ils ont tous fait, tout ce travail, toutes les assiettes, tous les compteurs, elles ont toutes réussi, pas tous venus, tous les journaux, toutes les voitures, toute la confiture.

P. 140-141 ■ **447.** *Tu as dû souligner* : ouvre, attendent, pleure, apporte, gronde, roule, promène, quittent, traverse, aident. ■ **448.** arriver, chercher, rentrer, monter, passer, regarder, aimer, revenir, commencer, répondre. ■ **449.** *Tu as dû souligner* : reçoivent, couraient, tourne, suivaient, écrit, dormiront, frappe, habitaient, souhaite, possède. ■ **450.** rêver, tirer, former, attacher, souper, visiter, laver, dresser, dégager, se moquer, placer, lancer, glisser, annoncer, boire, marcher, garder, voler, tracer, marquer. ■ **451.** grandir, contenter, vider, maigrir, refroidir, blanchir, mourir, durcir, salir, sécher. ■ **452.** *Tu as dû souligner* : part (partir), court (courir), prend (prendre), revient (revenir), obéissait (obéir), crois (croire), rapporte (rapporter), arrive (arriver), s'arrête (s'arrêter), penche (pencher), regarde (regarder), disait (dire), allez (aller), viens (venir), approche (approcher), prends (prendre), peux (pouvoir), fais (faire), détale (détaler), disparaît (disparaître).

P. 142 ■ **453.** ils (*ou* elles) volent, le calcul mental, des conseils, j' (*ou* il, *ou* elle, *ou* on) oublie, des clous tout rouillés, je (*ou* il, *ou* elle, *ou* on) troue, le balai, je (*ou* il, *ou* elle, *ou* on) trie, tu décores, le réveil. ■ **454.** tu copi**es**, elle se mari**e**, il envoi**e**, je travaill**e**, ils cri**ent**, une copi**e**, son mari, un envoi, le travail, des cri**s.**

P. 143 ■ **455.** on voit, tu la vois, vous voyez, il voit, nous les voyons. ■ **456.** on a vu, tu as vu, elle a vu, j'ai vu, nous avons vu. ■ **457.** je te verrai, elle le voyait, nous verrons, est-ce qu'il verra, nous le vo**yi**ons.

P. 144 ■ **458.** e**x**plication, bo**x**eur, ta**x**i, fi**x**er, e**x**térieur. ■ **459.** luxe, index, taxes, vexé, texte. ■ **460.** *Mots qui commencent par « èks »* : excuse, explosion, excursion, exprès, expérience. *Mots qui commencent par « ègz »* : examen, exagéré, exactement, exemple, exercice.

P. 145 ■ **461.** un balayeur, un voyageur, une voyelle, un tuyau, une rayure. ■ **462.** syllabe, mystère, stylo, pyramide, jury, cyclone, lycée, cygne, gymnastique, système. ■ **463.** un emploi, la joie, un noyer, un crayon, un balai, essayer, un envoi, royal, s'ennuyer, un appui.

P. 146 ■ **464.** vous voyez, nous croyons, où fuyez-vous, nous revoyons, nous prévoyons. ■ **465.** je ne te voyais pas, ils croyaient, le comptable s'asseyait, et (il) soustrayait, nous nous distra**yi**ons. ■ **466.** croyez-moi, qu'elle voyait, elle s'enfuyait, asseyons-nous, son grand-père trayait.